AF273810

RAMON LLULL

SANTIAGO MATA

RAMON LLULL
El hombre que demostró
el cristianismo

Segunda edición

EDICIONES RIALP
MADRID

© 2006 *by* SANTIAGO MATA
© 2023 de la presente edición *by* EDICIONES RIALP, S. A.
Manuel Uribe 13-15, 28033 MADRID
(www.rialp.com)

Con aprobación eclesiástica del Arzobispado
de Madrid, marzo de 2006.

Fotocomposición: M. T. S. L.

ISBN (edición impresa): 978-84-321-6573-3
ISBN (edición digital): 978-84-321-6574-0
ISBN (edición bajo demanda): 978-84-321-6575-7
Depósito legal: M-27983-2023
Impreso por Service Point, S. A., Madrid

No está permitida la reproducción total o parcial de este libro, ni su tratamiento
informático, ni la transmisión de ninguna forma o por cualquier medio, ya sea elec-
trónico, mecánico, por fotocopia, por registro u otros métodos, sin el permiso previo
y por escrito de los titulares del *Copyright*. Diríjase a CEDRO (Centro Español de
Derechos Reprográficos, www.cedro.org) si necesita reproducir, fotocopiar o escanear
algún fragmento de esta obra.

ÍNDICE

7

A mis padres

PRÓLOGO

En este momento histórico de comienzos del siglo XXI, Ramon Llull da una lección teórica y práctica al hombre de hoy, a muchos de sus problemas y cuestiones. Da una pauta de conducta con sus numerosas obras de pensamiento, sociales y poéticas, y es un ejemplo o modelo admirable con su actuación y su vida toda.

Santiago Mata ha sabido advertir la modernidad de este autor mallorquín del siglo XIII, y de su obra y actuación. Para eso ha sido necesario comprender previamente, como él lo ha hecho, su pensamiento, tan arriesgado en su momento, y ahora tan actual.

Cabría decir que son principalmente dos las líneas de útil actualidad de esta biografía: una manera racional o razonable (pero no racionalista) de acercarse al umbral, al preámbulo, de las cosas de fe, imprescindibles a la naturaleza humana, para su felicidad temporal y eterna. Y otra, la pasión por un consistente diálogo con el Islam y con el judaísmo; consistente, es decir, un diálogo que ilumine y acerque a la verdad, no una mixtificación o falsificación de la palabra, que es más bien claudicar de la verdad por conseguir un compromiso que no comprometa a nada ni solucione a fondo nada.

Santiago Mata pinta un amplio cuadro histórico inmediatamente previo, y luego ámbito propio, del biografiado: el Mediterráneo. Más mérito tiene en lo que se refiere al pensamiento de la época, que no es de simple ensayo cultural, sino de tesis filosófica y de tratado teológico. En ningún momento puede decirse que se exceda en la exposición de sus conocimientos filosófico-teológicos cayendo en el área del especialista, sino que plantea y explica lo imprescindible para que el lector llegue a comprender la apasionada, ingente y heroica tarea que se impone a sí mismo Ramon Llull: demostrar el cristianismo a todas las personas, también a las que no tienen fe.

Y la otra ingente e impaciente tarea: convertir el Islam al cristianismo, convertir a los judíos, previo ese diálogo consistente, iluminador, convincente, al que no sólo se hace amplia referencia sino que es una de las características del moderno espíritu de este conquistador —sí, conquistador— del siglo XIII.

Sabiduría monumental la de Ramon Llull, de todo sabe y escribe, domina diversos idiomas: es ya un hombre renacentista.

La biografía de Santiago Mata se lee casi como un libro de aventuras y viajes: Ramon Llull, trovador y caballero en la Corte del reino de Mallorca. Su conversión. Su dedicación a la filosofía. Sus primeras obras o fundamentos de su pensamiento intelectual y afán apostólico. Su productivo retiro en el monte de Randa (Llucmajor). Sus viajes a Roma y París, Génova, hasta Siria y Palestina. Sus luchas, fracasos y éxitos por dar a conocer y por ver aprobadas en el ámbito universitario y eclesiástico sus tesis. ¡La aplicación de ellas! Para eso fundó varios colegios donde preparar a sus intelectuales discípulos, apóstoles y seguidores. De tal modo es real su empeño, que en su tercera estancia en Túnez será apedreado, y hallará la muerte después, en Mallorca, quizá como un mártir. Sin duda como un enamorado, su *Libro del Amigo y del Amado*, es prueba fidedigna de su locura de amor.

Si es cierto que el inicio y el final de la vida de Ramon Llull está envuelto en leyenda, Santiago Mata no se detiene en eso, sino que su libro trata el, por así decir, sólido bloque y seguro de su vida y obra bien conocidas; por otro lado documentadas en *Vita Coetanea.*

Santiago Mata ha escrito un libro apasionante, como correspondía a un apasionado como es Ramon Llull, y muy actual, como era de esperar también de un periodista como él.

PEDRO ANTONIO URBINA

INTRODUCCIÓN

El que un jubilado mallorquín visite puntos de las costas tunecina y argelina, Chipre o Siria, no tiene nada de particular, dada la riqueza de la actual oferta turística. Ramon Llull[1] contaba unos sesenta años la primera vez que viajó a Túnez, y más de ochenta en su último viaje. Lo particular del caso es que esos viajes tuvieron lugar... hace siete siglos. Esto bastaría para considerar a Llull más cercano a su contemporáneo Marco Polo (1254-1324) que a un moderno jubilado en busca del sol mediterráneo.

Los viajes de Marco Polo y los de Ramon Llull se diferencian notablemente. Marco Polo era un mercader. Llull pretendía dialogar con personas de religiones diferentes a la cristiana, para encontrar un camino común. Existe el peligro de retener como anécdota la

---

[1] Doy al personaje el nombre que recibe actualmente en las publicaciones científicas; a lo largo del tiempo se ha escrito de formas diversas —Raimundo Lulio, Raymundus Lulius—, y en castellano lo correcto sería escribir Ramón, pero Llull nunca escribió en castellano. Lo mismo puede decirse para otros nombres que no aparecen en forma castellana en el texto.

andariega vida del escritor mallorquín y disociarla de sus obras escritas, perdiendo de vista que la misma intención que movía los pies de Ramon Llull para viajar, movía su mano para manejar la pluma, con la que escribió cientos de libros. Y que posiblemente observar su obra literaria en el contexto y a la luz de su vida, nos dé pistas para comprenderla mejor. El mensaje que Llull transmitía explica sus viajes. Dicho de otro modo, quien vea al personaje como un mero hombre de acción probablemente no capte el mensaje. Llull no escribía libros de viajes, ni describía paisajes. Viajaba para hablar con la gente, para saber qué pensaban y decirles lo que pensaba él... sobre Dios.

El historiador Claudio Sánchez-Albornoz llamó a Llull «Quijote medieval». Pero a Llull no le importaba que le tuvieran por loco, o que consideraran imposibles sus propósitos... con tal de mover a sus interlocutores a usar la razón. ¿Usarla cómo y para qué? Dejemos que sea el propio Llull quien nos lo explique.

EL MEDITERRÁNEO Y MALLORCA
EN EL SIGLO XIII

A comienzos del siglo XIII, el Mediterráneo seguía siendo uno de los escenarios principales de la historia. Fijemos nuestra mirada en sus costas, en concreto en el archipiélago balear. La mayor de sus cinco principales islas había sido habitada desde el cuarto milenio antes de Cristo. Los romanos conquistaron Mallorca en 124 antes de Cristo y fundaron dos colonias romanas: Palmaria (Palma) y Pollentia (Pollensa). En Mallorca se conservan dos basílicas paleocristianas en Manacor, restos de una tercera en Santa Maria y hay datos sobre la existencia de otras tres en Palma, Alcudia y Cabrera. Dada la distancia temporal entre ese primer cristianismo y la época de Ramon Llull, convendrá echar una mirada a las principales religiones que pasaron por esta isla y su relación con los poderes políticos.

En Israel había existido un Estado *teocrático*, cuyo fin se supeditaba al de la religión. El Estado debía conquistar la tierra prometida por Yahvé a Abraham, y defender y administrar un pueblo que diera culto a Dios en espera del cumplimiento de las promesas, en particular de la llegada de un Mesías que redimiera al pueblo de sus pecados. Además de *Alianza* social, la religión era sobre todo un compromiso personal, según el mandato de la *Shemá Israel*: «Escucha, Israel: el Señor es nuestro Dios, el Señor es Uno. Amarás al Señor, tu Dios, con todo tu corazón, con toda tu alma y con todas tus fuerzas» (*Deuteronomio*, 6, 4-5).

En el Imperio Romano la religión no influía en la vida política. Existían funciones litúrgicas que no implicaban un compromiso personal, y por otra parte, prácticas idolátricas privadas no sometidas a regulación. Nacido durante el reinado del emperador Augusto y crucificado bajo el de Tiberio, Jesús de Nazaret se presentó como el Mesías prometido a Israel, que con su muerte había de redimir al pueblo del pecado. Sus milagros, en particular su propia resurrección, debían testimoniar que Jesús no sólo era un hombre *ungido* por Dios (*Cristo*), sino el mismo Dios encarnado.

La *asamblea* (Iglesia) de los discípulos de Jesús (pronto llamados cristianos) se presentaba como *pueblo de Dios*, continuación de Israel, pero con una notable diferencia: la proclamación de un reino que «no es de este mundo» hacía innecesario un *Estado teocrático*. La nueva fe completaba la *Shemá Israel* con el mandato del amor al prójimo sin limitaciones espacio-temporales: la comunidad cristiana no tenía un territorio que conquistar o defender, y ni siquiera la fe personal debía defenderse con la espada, puesto que el mismo Cristo, a quien los cristianos querían imitar, renunció a la defensa violenta de su propia vida.

18

Augusto incluyó en la religión romana la figura del emperador y la obligación de rendirle culto personal. Muchos cristianos (mártires o *testigos*) opondrán una *resistencia pasiva* y serán ejecutados por las autoridades romanas. La legitimidad de éstas, no obstante, no fue puesta en duda por la Iglesia, ya que Cristo había reconocido la de Pilatos («no tendrías ningún poder sobre mí si no lo hubieras recibido de lo alto» (*Juan* 19,11), y Pablo de Tarso la de sus propios persecutores, que «no tienen las armas sin razón. También tienen misión de Dios para castigar a los malhechores» (*Romanos* 13, 5).

Constantino concedió en 313 libertad de culto a los cristianos. Posteriormente, emperadores romanos y caudillos de diversos pueblos abrazarían el cristianismo, incluso en forma masiva (aunque no colectiva, ya que la incorporación a la Iglesia exige un acto individual: el bautismo). La religión, además de servir a la relación de cada persona con Dios y con los demás creyentes, se convirtió en distintivo social. Las conversiones masivas diluyeron el sentido de adhesión personal y la autoridad civil llegó a arrogarse el papel de guardar la pureza de la fe dentro de la misma Iglesia y de extenderla a nuevas gentes.

En la Edad Media existirán sociedades impropiamente *teocráticas*, ya que rara vez se dará el caso de identificación entre los fines de la sociedad civil y de la Iglesia. Incluso entonces, no era la asamblea de los creyentes quien sometía al Estado a sus propios fines (como teóricamente sucedía en Israel), sino al revés: la autoridad civil se arrogaba competencias religiosas. Esta tendencia recibió en oriente el nombre de cesaropapismo. En occidente las tensiones entre autoridad civil y eclesiástica culminarían en la «querella de las investiduras» (1024-1122). Pero las tensiones entre poder político y religioso no son las únicas surgidas en torno al cristianismo: hay también discrepancias religiosas.

Las divisiones ocurridas en la Iglesia por cuestiones doctrinales pueden agruparse en dos: la separación (*herejía* en griego) de quienes creían que Cristo era hombre pero no Dios —su principal exponente es el arrianismo—, y la de quienes creían que era Dios pero no hombre (el *monofisismo*, que afirma en Cristo sólo la naturaleza —*physis*— divina). Son por tanto disensiones acerca del misterio de la Trinidad: mientras que la Iglesia *católica* (universal) afirma que Dios es uno, y que en Él hay tres Personas, una de las cuales es también hombre; el arrianismo reconoce el carácter divino sólo de Dios Padre; y el monofisismo reconoce la divinidad de las tres Personas, pero no la naturaleza humana de la segunda.

Buena parte de los pueblos que constituyeron Estados en territorios romanos occidentales eran arrianos. La elite política que durante más tiempo se mantuvo en esta *herejía* fueron los visigodos, cuyo rey (Recaredo) no abrazó el catolicismo hasta 589. Entretanto, divisiones políticas y discusiones organizativo-doctrinales propiciaron un alejamiento entre las iglesias orientales (patriarcado de Constantinopla) y las occidentales: pero no sería hasta 1054 cuando se produjera una ruptura formal entre Bizancio y Roma (*cisma de oriente*).

En el siglo VII apareció una nueva religión: el Islam, cuyo fundador, Mahoma (570-632) la dio a conocer a partir de 613, presentándola como producto de revelaciones del arcángel Gabriel. A diferencia del cristianismo, que consiste en el *seguimiento* de la persona de Cristo, el Islam es la aceptación de una ley, en cuyo cumplimiento el Profeta es un modelo, pero no un fin. La ley islámica se contiene en el *Corán* («recitación»), cuya redacción se completó poco después de la muerte de Mahoma, y en la tradición (*Sunna*), también procedente de la predicación del Profeta, pero cuya redacción (*Hadith*) no se completó hasta el siglo IX. El Islam («sumisión») contiene cinco normas fundamentales: la profesión de fe, la oración, el ayuno, el cumplimiento de los deberes sociales y la peregrinación a La Meca.

Al margen de su forma de entender a Dios, el Islam difiere del cristianismo por ser una *teocracia*: la autoridad del Profeta abarca también el ordenamiento de la sociedad civil. El servicio a Dios es una lucha (*Yihad*), cuyo principal campo de batalla es el sometimiento de las pasiones en el alma (*Yihad* mayor). Pero existe además una «lucha del cuerpo» (*Yihad* menor) para defender y extender la fe islámica: «Alá ha comprado a los creyentes sus personas y su hacienda, ofreciéndoles, a cambio, el Jardín. Combaten por Alá: matan o les matan. Es una promesa que Le obliga, verdad, contenida en la Torá, en el Evangelio y en el Corán» (*Corán* IX, 111).

En el segundo capítulo del Corán parece justificarse sólo la defensa propia: «Combatid por Alá contra quienes combatan contra vosotros, pero no os excedáis. Alá no ama a los que se exceden. Matadles donde deis con ellos, y expulsadles de donde os hayan expulsado. Tentar es más grave que matar»

(II, 190-191). Ante todo es la religión lo que se defiende con las armas: «Combatid contra ellos hasta que dejen de induciros a apostatar y se rinda culto a Alá. Si cesan, no haya más hostilidades que contra los impíos» (II, 193).

Es el respeto al Islam como religión y a sus implicaciones sociales lo que Mahoma insta a imponer por la fuerza, pero en principio no el culto personal: «No cabe coacción en religión. La buena dirección se distingue claramente del descarrío» (II, 256). No al menos hasta el capítulo IX, en el que Mahoma denuncia a los que se han aliado con los «asociadores» (infieles, politeístas, impíos, tentadores o persecutores): «Respetad vuestra alianza con ellos durante el plazo convenido. Cuando hayan transcurrido los meses sagrados, matad a los asociadores dondequiera que les encontréis. ¡Capturadles! ¡Sitiadles! ¡Tendedles emboscadas por todas partes! Pero si se arrepienten, hacen el azalá (oración) y dan el azaque (tributo), entonces ¡dejadles en paz!» (IX, 4-5).

Con el Islam reaparece una teocracia que no es igual a la de Israel, porque la nueva religión tiene carácter universal. Los judíos debían conquistar la tierra prometida, para esperar en ella la llegada del Mesías. A los musulmanes, se les promete el dominio de la tierra entera. El poder temporal adjudicado a sus líderes distingue el universalismo musulmán del cristiano: a los cristianos se prometía el reino de los cielos a cambio de su paciencia en la lucha contra las propias pasiones y al soportar persecuciones. Los musulmanes deben también luchar contra sus propias pasiones para alcanzar el paraíso celestial, pero no hay Mesías que esperar ni persecuciones dignas de soportarse.

A su muerte, Mahoma gobernaba sobre Medina y la Meca. En 635 conquistaron los musulmanes Damasco, en 636 Jerusalén, en 642 Armenia, en 646 Alejandría, en 649 Chipre y en 651 Persia. Cinco años más tarde, a la muerte de Uthman, tercer sucesor del Profeta, las divisiones internas frenaron la expansión del Islam. La causa de estas divisiones era la discrepancia acerca del modo de transmitirse la autoridad, cuestión que Mahoma no había definido. Para la mayoría de los musulmanes (los sunitas), toda la autoridad corresponde al jefe civil (califa). Para los chiitas (originariamente diferenciados por ser los «partidarios de Alí», cuarto sucesor de Mahoma), la autoridad religiosa corresponde a determinados jefes («imanes»), el último de los cuales «desapareció» en torno al año 900 y regresará como Mesías («Al-Mahdi») al fin de los tiempos.

En 659 fue proclamado califa en Jerusalén un primo de Uthman, Moaviya, primero de los Omeyas (dinastía que gobernó hasta 750), y único califa a partir de la muerte de Alí (661). Durante su reinado se completó la conquista de Egipto y, en el Este, las de Afganistán y Uzbekistán. Moaviya eligió Damasco como sede del califato, heredado en 680 por su hijo, cuyas tropas dieron muerte al imán Husein, último descendiente masculino de Mahoma (y caudillo del «partido de Alí»), lo que agravó las diferencias entre sunitas y chiitas. Los éxitos militares continuaron con la llegada al Atlántico en 683, la conquista de Cartago y la de Hispania (711), y con la campaña en Francia a partir de 722, frenada en Poitiers exactamente cien años después de la muerte del Profeta (732).

Frente a los omeyas se alzó el partido de los hachemitas (descendientes de Abu Hachim, bisabuelo de Mahoma), que aspiraban a que gobernaran parientes más cercanos del Profeta: en concreto los descendientes de los dos tíos de Mahoma, al-Abbas (abásidas) y Abu Talib (alidas). Los abásidas establecieron en 749 un califato en Bagdad que había de durar hasta 1258 (y hasta 1517 en Egipto). En Al-Andalus (nombre documentado ya en 716 para designar a la tierra por la que pasaron los vándalos antes de llegar a África), se produjeron rebeliones de los bereberes magrebíes, discriminados respecto a los árabes, quienes requirieron el concurso de soldados sirios para sofocar a los rebeldes. En el norte, se produjeron rebeliones de cristianos (722, Covadonga).

El sunismo dio lugar a cuatro escuelas: el hanifismo (de Abu Hanifa —muerto en 795—, doctrina predominante en Irán, fue oficial con los otomanos) partidario de cierta «libertad de opinión»; el malikismo (de Malek bin Anas —muerto en 820—, extendido en el Magreb, Al-Andalus y África subsahariana), partidario de un consenso entre norma social y conciencia; el más tradicionalista chafitismo o safismo (de As-Chafiis o Al-Safí —también muerto en 820—, extendido en Arabia, Siria, Egipto y por el Océano Índico); y el hanbalismo (de Ahmad ibn Hanbal —muerto en 855—, dominante en Iraq), partidario de interpretar literalmente el Corán y la Sunna. Durante el siglo IX cristalizó la doctrina —no contenida en el Corán— que castiga con la pena de muerte la apostasía del Islam. Al no existir un acto de adhesión al Islam semejante al bautismo, esta doctrina mermará la libertad religiosa de las personas nacidas en países musulmanes, ya que, salvo prueba en contrario, se les considera sometidos al Islam.

Al huir a Córdoba un Omeya, Abd al-Rahman, el emirato andalusí se independizó de Bagdad. Los problemas del emirato cordobés (756-929) procedían no tanto de los rebeldes cristianos del norte, cuanto de las aspiraciones autonomistas de los gobernadores de Toledo, Mérida y Zaragoza, y de la pretensión de los muladíes (hispanos que abrazaron el Islam) de alcanzar la igualdad de derechos con respecto a los árabes (rebelión de Omar ibn Hafsun en 879). Antes que el cordobés, se segregó de Bagdad el califato fatimí en el Magreb (908), formado por una escisión de los ismailitas, grupo chiita con tintes esotéricos. El sirio Ubaid Alá, primer califa fatimí de Kairuan, decía estar emparentado con Ismail —descendiente de al-Husein, hijo de Alí y Fátima— y pretendía ser el Mahdi esperado por los partidarios de Alí.

Siguiendo el ejemplo magrebí, en 929 el emir Abd al-Rahman III se proclamó califa en Córdoba. Este califato extendió sus dominios en África y mantuvo la frontera con los nuevos reinos cristianos en la cuenca del Duero. En el último cuarto del siglo X, el caudillo militar Almanzor centró su atención en la lucha contra los cristianos, mientras en Al-Andalus se agravaron las tensiones étnicas, que culminarían con el fin del califato (1031) y la división del territorio en reinos de taifas.

¿Qué había sucedido entretanto en Baleares después de la desaparición del Imperio Romano occidental? Mallorca fue recuperada para el emperador bizantino Justiniano I en el año 534, por obra del caudillo Belisario, que en 533 había puesto fin a un siglo de dominio vándalo en el norte de África. Pero el poderío bizantino decayó, y la isla fue de nuevo cobijo de corsarios. En 707 se produjo un desembarco musulmán sin consecuencias. Mallorca fue incorporada al emirato de Córdoba en 903, pasando la Palmaria romana a denominarse Medina Mayurqa. Tras la disolución del califato, Mallorca dependió de Dènia.

El dominio islámico en la Península Ibérica fue equilibrado primero y decayó después en favor de los reinos cristianos en dos etapas principales, señaladas respectivamente por la conquista de Toledo, en 1085, y por la batalla de las Navas de Tolosa, en 1212. Ante la falta de unidad del Islam andalusí, la contención del empuje cristiano llegó desde África, por obra de los imperios bereberes almorávide y almohade. El primero había surgido en 1055 y en 1070, instaló su capital en Marrakech. Como reacción a la conquista de Toledo, los almorávides derrotaron a Alfonso VI en 1086 en Sagrajas, conquistando posteriormente a los taifas que les habían pedido ayuda (Granada, donde instalaron su capital, Sevilla y Badajoz), Valencia en 1102 y Zaragoza en 1110. El deseo del califa Yusuf de «hacer regresar a los musulmanes al camino de Dios» supuso un punto de inflexión en Al-Andalus: la emigración de los mozárabes hacia el norte «descristianizó» los reinos de Córdoba, Sevilla y Granada.

En Mallorca, los almorávides evitaron un intento de conquista emprendido en 1114 por el conde Ramón Berenguer III de Barcelona con ayuda de la marina de Pisa, que sufría la acción de los corsarios musulmanes. Los italianos se retiraron ante la llegada de una escuadra almorávide desde África, y el conde de Barcelona, que había incendiado Medina Mayurqa, suspendió la campaña en 1116. A partir de entonces gobernó Mallorca de forma casi independiente la familia almorávide de los Banu Ganiya. En el último cuarto del siglo XII, los gobernantes musulmanes mallorquines firmaron cuatro tratados de no-agresión con las repúblicas de Génova y Pisa, y los corsarios baleares disfrutaron de una situación ventajosa, que les permitió atacar en 1178 Tolón y tomar cautivo al vizconde de Marsella, Hugo Gaufrido.

La expedición de Ramón Berenguer III contra Mallorca había recibido ya el título de *cruzada*: una palabra cuyo origen convendrá conocer, para saber si las guerras a las que en ocasiones se asoció tienen algo que ver con la *Yihad* menor islámica. En occidente, a principios del siglo V, Agustín de Hipona expuso la doctrina de la guerra justa, afirmando que la renuncia a la autodefensa (típica de los mártires) no se puede imponer a las personas con quien se convive: existe obligación de defender a la sociedad.

San Agustín escribía tras la caída de Roma en manos de los visigodos (410), respondiendo a la acusación de que los cristianos no habían defendido el imperio. En el concilio celebrado en Cartago en 411, el obispo de Hipona aceptará el recurso a la autoridad civil para poner fin a las divisiones entre los cristianos del norte de África, que habían alcanzado caracteres de guerra civil. San Agustín no pretende que el Estado juzgue a las personas por su religión, ni que una religión minoritaria imponga su culto o interprete como escandaloso el negarse a participar en sus prácticas religiosas. La violencia puede evitar la injusticia o restablecer el orden, pero en ningún caso extender la religión.

En la génesis de las cruzadas, junto con la doctrina cristiana sobre la guerra justa y las relaciones entre el poder civil y la autoridad religiosa, juegan un papel importante las peregrinaciones de carácter penitencial. Éstas cobraron auge en torno a la celebración del milenario de la muerte de Cristo (1033). Por lo que suponían de sacrificio, eran actos meritorios, y quienes las emprendían (voluntariamente o tras habérseles impuesto como penitencia) podían lucrar indulgencias que llevaban asociada una gracia (la remisión de la pena temporal del purgatorio) en caso de que se cumplieran ciertas condiciones: desearla ante todo, confesar, comulgar, etc.

En este contexto aparece en 1020 la primera mención de un caballero que adoptó un hábito «cruzado» para luchar contra los sarracenos: Hugues IV de Lusignan («el moreno»), en tierras hispánicas. Al año siguiente, a raíz de una persecución contra los cristianos en Siria, el papa Silvestre II sugiere la idea de una expedición militar, y efectivamente se llevó a cabo una incursión, precedente de las cruzadas. Pero la gestación de la primera no se deberá a la necesidad de aunar fuerzas frente a los musulmanes, sino a la de defender los intereses de un reino cristiano frente a otro.

En concreto, será el rey de Aragón quien consiga del papa Alejandro II en 1063 la predicación de una cruzada para conquistar Barbastro: de esa forma,

Fernando I de Castilla no podía auxiliar al taifa barbastrense, sometido a su protección en 1060. En el mismo año de la «pre-cruzada» de Barbastro, el arzobispo de Maguncia, Sigfrido, y otros cuatro obispos peregrinaron a Palestina con 7.000 personas. La derrota bizantina en Manzikert y la caída de Jerusalén (1071), más la de Antioquía (1085) en manos de los turcos selyúcidas obstaculizaron las peregrinaciones, ya de por sí complicadas tras el cisma que separó a Bizancio de Roma (1054). De nuevo en occidente, el Papa aplaudió en 1073 el paso a Hispania de un ejército franco al mando de Ebles II, conde de Roucy y cuñado del rey de Aragón.

La cruzada presuponía un derecho que restaurar, un espíritu penitente en quienes la emprendieran y el liderazgo del Papa que supliera un insuficiente poder de convocatoria de los gobernantes civiles. El Papa recurría a un medio extraordinario para atraer la atención de los nobles, más inclinados a pelearse por querellas locales: quienes se enrolaran en la cruzada podrían lucrar indulgencia plenaria (remisión total de las penas del purgatorio). No se les prometía el cielo a cambio de morir en la guerra —algo que sí hace la *Yihad* menor—, sino la posibilidad de conseguirlo si, además de enrolarse, se cumplían las condiciones de la indulgencia.

En 1074, Gregorio VII planeaba una cruzada que no llegará a predicar. La petición de auxilio del emperador bizantino Miguel VII después de Manzikert fue repetida en 1084 por el patriarca Simeón de Jerusalén —con detalles sobre la persecución religiosa en carta que Pedro el Ermitaño leyó al papa Urbano II— y al año siguiente por el emperador Alexo I

Comneno al conde Roberto de Flandes. Pero los nobles occidentales no sólo desoían las peticiones de auxilio llegadas de oriente, sino que en 1084 pusieron cerco a la propia Roma.

En Francia había tomado cuerpo un «movimiento» cruzado, que llevó al conde de Tolosa (Raimundo de Saint-Gilles) y al duque de Borgoña (Eudes I) a intervenir en Hispania en 1087, después de que Alfonso VI de León y Castilla fuera derrotado por los almorávides en Sagrajas-Zalaca. Una nueva petición de auxilio de Alexo Comneno (1094) llevará a Urbano II a proclamar por fin, en 1095, la primera cruzada. Raimundo IV, conde de Tolosa, será el primer mandatario que se enrole para conquistar Tierra Santa, en lugar de para combatir a los turcos en Anatolia como pretendían los emperadores bizantinos. En un plazo de tres años surgirán cuatro Estados latinos en el Mediterráneo oriental: los condados de Edesa y Trípoli, el principado de Antioquía y el reino de Jerusalén.

Los violentos episodios bélicos de las cruzadas —comenzando por las matanzas tras las tomas de Antioquía y Jerusalén— y la desaparición final de los Estados latinos de oriente contrastan con una interacción sociocultural cuya huella será profunda: entre occidente y oriente, entre cristianismo e Islam, se produce un intercambio intenso durante más de dos siglos. Los emigrantes occidentales regresan de Tierra Santa trayendo consigo materias primas, especias, útiles y enseres, elementos técnicos, científicos y filosóficos que contribuirán a la madurez de occidente. En sentido inverso, desde occidente se exportó la estructura feudal a los Estados latinos. El

Papa confió la custodia de los lugares santos y de los caminos de peregrinación a caballeros que deseaban permanecer en Palestina compartiendo el modo de vida de los religiosos: las órdenes militares. Los Estados latinos encargaron a templarios y hospitalarios buena parte de las tareas militares. Surgieron así organizaciones internacionales sometidas al Papa, pero desvinculadas de los intereses de una determinada nación occidental.

Entretanto, un imperio sucedía a otro en el Islam africano: los almohades (*al-muwahhidun*, los unitarios o monoteístas: hoy diríamos *muyahidines*) eran bereberes como los almorávides, a quienes arrebataron Marrakech en 1147 para convertirla en su capital. En el mismo año conquistaron Sevilla, ciudad que convirtieron en centro de su poder peninsular. En 1172 cayó en su poder el reino taifa de Valencia y Murcia, pasando entonces los almohades a la ofensiva contra los reinos cristianos (1195, derrota de Alfonso VIII en Alarcos). Mallorca fue el último territorio andalusí incorporado al imperio almohade por orden directa del *miramamolín* (*amir al muminin*, príncipe de los creyentes o califa) Muhammad ben Yaqub ben Yusuf, llamado Al Nasir, en 1203.

Si bien el imperio almohade era un régimen militar que no sobreviviría a su derrota en las Navas de Tolosa (1212), nominalmente sus jefes eran califas, e impulsaron las artes y la cultura (Giralda de Sevilla, difusión de la filosofía de Averroes y Abentofail). La ausencia de población mozárabe y el objetivo de vencer a los reinos cristianos sellaron la desaparición de la tradicional tolerancia andalusí. El Islam hispano (y por tanto mallorquín) del siglo XIII estará más preocupado por la práctica religiosa que por la discusión teológica, pues si bien existían diversas escuelas, era escasa la polémica con otras religiones. A partir de entonces (y hasta 1492), Granada quedará como único reino islámico peninsular, convertido en la práctica en vasallo del reino castellanoleonés, unificado desde 1233.

En el otro extremo del Mediterráneo, durante el siglo XII, los Estados latinos de oriente perdieron casi todo su territorio: Edesa cayó en 1144 (tras de lo cual se organizó la segunda cruzada) y Jerusalén en 1187 tras la batalla de Hattin (lo que dio lugar a la tercera cruzada). En 1204, la cuarta cruzada conquista Constantinopla, fundando un Estado latino (Romania) en Grecia. Entre 1217 y 1221, la quinta cruzada conquista, por un tiempo, Damieta, en Egipto. En 1229, el emperador del Sacro Imperio Romano y rey de Sicilia, Federico II, organiza una cruzada en la que consigue la entrega de Jerusalén contra una suma de dinero.

La cristiandad no afrontará sólo a un enemigo exterior con las cruzadas. En su interior aparecerán divisiones que recordarán las del gnosticismo de la edad antigua y el arrianismo de comienzos del medioevo. El catarismo, doctrina de tipo dualista, afirmaba la existencia de dos mundos, uno espiritual y otro material, creados respectivamente por Dios y el diablo. Su ética era en consecuencia maniquea (la realidad espiritual era buena o pura, y la material mala o impura). Es posible que a su difusión —con un episodio intermedio en la herejía bogomila de Bosnia— contribuyeran doctrinas importadas por algunos participantes en las cruzadas.

Desde mediados del siglo XII aparecen claramente definidos los rasgos de un movimiento que parecía querer purificar la Iglesia frente al afán de riquezas, y cuyos miembros, según informaba Everin de Steinfeld a San Bernardo desde Colonia hacia 1140-1144, se autodenominaban «los pobres de Cristo». Negaban la corporeidad de Cristo, y con ella su pasión, muerte y resurrección: aunque aceptaban los Evangelios (en cambio, rechazaban el Antiguo Testamento), la persona de Cristo tenía para ellos mero valor ejemplar y no redentor.

Al margen de algunos episodios violentos, la Iglesia trató de dialogar con estos *herejes*, hasta percibir que no tenían intención de reformar la Iglesia (a la que identificaban con la ramera del Apocalipsis). Como artífice de la ruptura puede identificarse al obispo Nicetas (de origen *búlgaro*), que se desplazó de Lombardía al sur de las Galias, y creó a partir de 1167 (asamblea de San Félix de Camarán o Lauraguès en Languedoc) una estructura eclesiástica independiente, cuyos miembros se dieron a sí mismos el nombre de cátaros (*puros*).

Paralelamente surgió otro movimiento, el de los valdenses, seguidores de Petrus Valdes (Pedro Valdo), comerciante de Lyon que en torno a 1170 abandona su familia y reparte sus riquezas para dedicarse a la predicación itinerante de una vida sobria. En 1180 se le hizo profesar un credo que aprobaba su concepción de la pobreza, pero le prohibía la predicación itinerante. Dos años más tarde, al continuar los valdenses predicando, fueron excomulgados por el obispo de Lyon.

El sur de las antiguas Galias, donde se harían notar las doctrinas de cátaros y valdenses, se hallaba por entonces vinculado al poder político cuya expansión apuntaba también hacia Mallorca. Los condes de Barcelona se habían implicado en los territorios ultrapirenaicos de Occitania al comprar Ramón Berenguer I los condados de Carcasona y Razés (1065 y 1070). Desde que Ramón Berenguer III casara en 1112 con Dulce de Provenza, se convirtieron en feudatarios de Barcelona los condados de Provenza (costa desde Niza hasta el límite con Nîmes), Millau (lindante con Tolosa), Gavaldán, y el vizcondado de Carladés (lindantes con el condado de Rovergue, feudatario de Tolosa).

Ramón Berenguer IV recibiría los juramentos de fidelidad de los vizcondes de Carcasona, Bearn y de Olorón, y de los señores de Narbona y Montpellier, con toda la costa hasta Niza y los territorios ultrapirenaicos al sur de Tolosa y Gascuña, hasta Navarra. Alfonso II, como titular conjunto de la corona aragonesa y del condado de Barcelona, asumió además el condado de Provenza al morir en 1166 sin herederos Ramón Berenguer III. La influencia política de los monarcas catalano-aragoneses en Provenza tendrá como contrapartida una influencia cultural provenzal aún más duradera en dicha corte.

En 1208 nacía en Montpellier Jaime, hijo de Pedro II de Aragón (I como conde de Barcelona) y de María de Montpellier: pasará a la historia como Jaime I el conquistador. A partir de ese mismo año, a raíz del asesinato en tierras tolosanas del legado pontificio Pedro de Castelnou y a la vista del peligro de desaparición de la jerarquía católica en las regiones cátaras, el papa Inocencio III (1198-1216) decide emplear el arma de la cruzada contra los herejes. La cruzada permitía la predicación itinerante, y parte de los seguidores de Pedro Valdes (que había muerto en 1206) regresó entonces al catolicismo (en 1245 serían integrados en la orden agustina): el resto fue declarado hereje en 1215.

El centro del catarismo estuvo en la región de Lauragais, entre Tolosa (donde contó con la simpatía del conde Raimundo VI, feudatario del monarca aragonés) y Carcasona (Laurac, Montreal, Fanjeaux), y sus adeptos fueron también llamados albigenses por haber tenido gran predicamento en la ciudad tolosana de Albi. Los cruzados franceses incendiaron en 1209 Beziers y ocuparon Carcasona, tras de lo cual el conde de Foix y el vizconde de Carcasona-Razés pidieron auxilio a Pedro II. El monarca catalano-aragonés se entrevistó con el conde de Tolosa y propuso sin éxito al jefe de la cruzada, Simón de Montfort, el matrimonio entre su hija y el recién nacido Jaime. Y es que la cruzada implicaba pérdida de legitimidad para el gobernante que toleraba la herejía, y la cesión de sus territorios a los cruzados. Pedro II, que el año anterior había luchado en una cruzada (Navas de Tolosa), morirá el 13 de septiembre de 1213 en Muret (Tolosa), luchando contra los cruzados franceses.

Jaime I heredó así, a la edad de cinco años, la corona de Aragón, aunque su tío Sancho actuó como regente hasta 1218. En cuanto tomó las riendas del poder, contando menos de 18 años de edad, Jaime giró de norte a sur su política, con sendas campañas contra Peñíscola y el interior del reino de Valencia en 1225 y 1226: ambas fracasaron por la oposición al monarca de los nobles. Frente al empuje de los castellanos, que en 1221 habían conquistado Utiel y Requena (al oeste de Valencia), la corona de Aragón corría el riesgo de ver cerrada una ulterior expansión hacia el sur.

Entretanto, Abu Yahya, valí almohade que gobernaba Mallorca, Menorca e Ibiza desde 1208, declaró la *Yihad* después de que naves de Tortosa se apoderaran de galeras marroquíes que cargaban leña en Ibiza. En 1226, galeras mallorquinas apresaron una nave genovesa, una de Barcelona y otra de Tortosa, lo que sirvió de argumento al rey de Aragón para seguir el consejo de Pere Martell, contramaestre de galeras, que le propuso en 1227 la conquista de Mallorca, aunque los nobles aragoneses eran partidarios de atacar Valencia. La empresa ofrecía a Jaime I una oportunidad de acaudillar y vincular a sí a los nobles catalanes, que le animaban a convertirse en el primer rey hispánico en conquistar un territorio ultramarino, «con lo que tendréis tres veces más honra que si estuviera en tierra». El proyecto fue aprobado por las Cortes de Barcelona en 1228. El título de cruzada concedía al rey la propiedad de las tierras conquistadas, y la promesa de reparto hacía depender de él a los nobles «contratados», comandantes de sus propios contingentes. Al rey correspondía el mando directo sólo sobre las tropas aragonesas y los almogávares.

En la segunda semana de septiembre de 1229, partió de Salou una flota de 155 barcos y numerosas embarcaciones menores, con 15.000 hombres y 1.500 caballos. Uno de los nobles embarcados era Ramon Llull, casado con Isabel d'Erill. El apellido de esta familia de comerciantes que poseía tierras en

Barcelona era Amat, pero se les apodaba Llull y con este nombre pasaron a la historia. Para defender Mallorca, Abu Yahya podía convocar entre 18.000 y 42.000 hombres con entre 2.000 y 5.000 caballos. La bien amurallada Medina Mayurqa era una de las ciudades más pobladas de Al-Andalus (50.000 habitantes, incluidos los comerciantes *romanos* o *rumí*, cristianos).

En el primer encuentro, tras desembarcar en Santa Ponça el 12 de septiembre de 1229, no se hicieron prisioneros: hubo 1.500 muertos por parte musulmana. Al tercer día tuvo lugar la batalla de Porto Pí, donde musulmanes a caballo hicieron retroceder a las tropas de Nuno Sanç. Puestos en fuga los musulmanes, Jaime I quiso avanzar sobre la Medina, pero los nobles se lo impidieron. El mural conservado en el Museo de Arte de Cataluña que tiene por tema esta batalla muestra el contraste entre las armaduras de los caballeros cristianos y los jinetes almohades tocados con un gorro de tela. Por parte cristiana murieron en Porto Pí algunos peones y 14 caballeros, entre ellos Guillem y Ramon de Montcada, Huguet des Far y Hug VI de Mataplana.

Los atacantes catapultaron a la Medina las cabezas de 400 musulmanes capturados en una escaramuza cuando, al mando de Fati Allah, lugarteniente del valí, intentaban reabrir la fuente que proporcionaba agua a la Medina, cegada por los cristianos. En dos intentos de negociación —uno por medio del renegado Mahomet Alagó y otro personalmente en territorio neutral—, Abu Yahya ofreció respectivamente pagar los gastos de los cristianos si se marchaban, y entregar la ciudad y la isla pagando cinco besantes por cada «hombre, mujer y niño» (hasta un total de 250.000 besantes) a condición de que se dejara partir «hacia Berbería» a quienes lo desearan en las naves traídas por los cristianos.

El rey era partidario del acuerdo, pero los parientes de los nobles Ramon y Guillem Montcada, muertos en la batalla de Porto Pí, y el obispo de Barcelona (Berenguer de Palol, reconocible en el mural del Museo de Arte de Cataluña, procedente del palacio Berenguer Aguilar de Barcelona, que representa el campamento militar de Jaime I) se negaron. Entre el 30 de noviembre y el 2 de diciembre, los cristianos fueron derrotados en tres combates con los musulmanes. En vísperas del ataque del 31 de diciembre, el joven rey, educado por los templarios, mantenía serenidad y coraje en contraste con la desafección y desánimo de los nobles, deprimidos por la fortaleza de las murallas y por un temporal de lluvias que duró semanas y convirtió el campo en un barrizal.

Tras la misa celebrada el último día del año, ante una brecha abierta en la muralla, el rey debió repetir por tres veces la orden de avanzar. Fueron los peones, y no los nobles, quienes iniciaron la marcha al paso, al grito de «Sancta María!», contra un lienzo de la Porta de Santa Margalida (Bab al Kofol). El empuje de cuatro caballeros, junto con la visión por parte de los musulmanes de un caballero vestido de blanco —que será identificado con San Jorge—, fueron decisivos para vencer la resistencia.

30.000 habitantes de la Medina huyeron por la puerta de Porto Pí, siendo los demás (hasta 24.000) asesinados en los ocho días que duró el saqueo de la ciudad. En el palacio de la Almudaina, los magnates musulmanes pidieron la protección del rey, entregando al hijo menor de Abu Yahya. El valí fue capturado por tortosinos, que lo vendieron al rey a cambio de 1.000 libras barcelonesas. La protección real no libró al valí de ser torturado y ejecutado cuarenta días más tarde.

Algunos nobles impusieron que el reparto de los bienes de la Medina no se hiciera por sorteo —como pretendía el rey—, sino mediante subasta, lo que benefició a los más pudientes e hizo perder tiempo en el inventario: después de Pascua los cristianos seguían sin salir de la Medina. La mayor parte de los nobles catalanes y sus huestes abandonaron la isla tras el reparto, por haberse declarado una peste en la ahora llamada Ciutat de Mallorques. Ibn Sayri (Aben Sheyri), tío y antiguo opositor del valí, que dirigió la huida de parte de la población de la Medina hacia el interior de la isla antes del último ataque cristiano, resistió con seis mil hombres hasta ser vencido y muerto el 14 de febrero de 1231. La resistencia continuó, capitaneada por Xuaip, en los castillos de Alaró, Pollença y Santueri, cuyas poblaciones sumaban 15.000 personas según Jaime I.

Junto con los *rics homens* de Aragón, los caballeros del Temple y los mercenarios almogávares, el rey permaneció en Mallorca hasta noviembre de 1230 y regresó para continuar las operaciones militares en otras dos ocasiones. Jaime I y Xuaip hicieron las paces, dando el rey libertad de residencia a los musulmanes. No obstante, dos mil continuaron resistiendo acaudillados por el cadí Abu Alí Umar, muerto en la toma del castillo de Pollença («castell del Rei») en mayo de 1231.

El 17 de junio siguiente, Jaime I firmó el tratado de Cap de Pera con Abduala Mohamed, cadí de Menorca (a quien hizo creer, prendiendo numerosas hogueras en la península de Artà, que se aprestaba a asaltar la isla con un ejército numeroso): el rey era recibido como «señor natural» de los musulmanes menorquines, quienes se obligaban a satisfacer un tributo anual. Jaime firmaba como «Rey de Aragón y de Mallorca, conde de Barcelona y señor de Montpellier». Menorca continuaría gobernada por cadíes musulmanes hasta 1287.

La negociación habría podido salvar vidas y aportar mayor beneficio pecuniario al rey. En cambio, las matanzas y la subasta beneficiaron sobre todo a unos nobles que no tenían intención de quedarse en la isla. El propio Jaime I parece haber escarmentado, y así se entiende que concediera Mallorca en 1231 como señorío vitalicio a Pedro de Portugal, centrando en adelante sus intereses en la península (la conquista del reino balear sería redondeada en 1235 con la toma de Ibiza). En 1232, Jaime I se propuso conquistar Valencia sin destruir la estructura social del país.

Mallorca era administrada en nombre del rey por un gobernador, cargo ocupado simultáneamente por dos personas, en los primeros años. Entre los nobles que no regresaron tras la conquista, sino que se instalaron en Mallorca, se cuenta Ramon Llull, que recibió algunas casas en la Medina y porciones de tierra en varios puntos de la isla: Rosselló menciona la alquería de Biniatró, las heredades de Formentor en

Pollença, de Punxuat en Llucmajor y los feudos o caballerías de Manacor. Jordi Gayà califica su posición como de «media alta» respecto a los demás participantes en la empresa. Poco después de haberse establecido el matrimonio en Mallorca, en 1232 (o en 1233) nació su hijo único, Ramon.

TROVADOR Y CABALLERO
EN LA CORTE MALLORQUINA

Ramon Llull nació en el marco de una sociedad asentada sobre la violencia: los cristianos recién llegados eran una minoría que dominaba a una población musulmana reducida a la mitad tras los desmanes cometidos durante la conquista. Una minoría imbuida de la mentalidad caballeresca cuya influencia se extiende durante cuatro siglos, desde el comienzo de las cruzadas hasta la aparición del protestantismo. A orillas del Mediterráneo, esta mentalidad adquirió características particulares, al asociarse al fenómeno de los trovadores. La lealtad caballeresca hacia el señor, el valor militar, se combina aquí con el amor hacia la señora o dama, expresado por medio de la lírica: el caballero se integra en la corte ganando el favor de ambos señores: el del varón con la fortaleza, el de la mujer con la delicadeza.

Guerra y amor se combinaban así en forma de competición virtual, donde lo importante era la fama que obtenía el ganador. Y cuando de la realidad virtual se pasaba a la acción real, no cambiaban las motivaciones de los protagonistas. Como vimos, los nobles animaron a Jaime I en Tarragona a emprender la empresa mallorquina con un argumento casi poético: conquistar tierras ultramarinas.

Guilhem de Peitieu (1071-1126), VII conde de Poitiers y IX duque de Aquitania, es el primer poeta occitano cuya obra se conserva. Trovar significa hallar, inventar, crear en forma literaria. A diferencia del poeta, que escribía en latín, el trovador componía letra y música para su canción. A ejemplo de la caballería, en la poesía provenzal se estableció una hermandad entre los trovadores, sin importar el estamento del que procedieran: así el rey Alfonso el casto o el trovador (1152-1196, II de Aragón, I como conde de Barcelona) debatió poéticamente con el humilde trovador limusino Giraut de Bornelh.

Mientras en Occitania el dominio francés hará desaparecer a los trovadores, en Cataluña continúan presentes hasta el siglo XV y abundan más los vasallos de cierta categoría y los nobles, como Guillem de Berguedà (1138-1196) o Ponç VI d'Empúries (muerto en 1321). En la conquista de Mallorca, como vimos, murió Hug VI de Matallana, hijo de un famoso trovador. La tradición de monarcas trovadores se continuará con Jaime II el bueno o el prudente, rey de Mallorca (1243-1311), Pedro el Grande (III de Aragón y II de Cataluña, 1240-1285) y Federico II, rey de Trinacria (Federico III en Sicilia, donde reinó entre 1296 y 1337). En el siglo XIV, Berenguer d'Anoia, establecido en Inca (Mallorca), escribirá un tratado de retórica en provenzal (*Mirall de trobar*).

No toda la poesía trovadoresca es amorosa, ni se dedica a damas o señores. Existían géneros polémicos como los *sirventès*, fúnebres como el *plany* (provenzal *planh*); el debate o discusión poética entre dos trovadores, llamado *tençó* cuando las opiniones se expresan con libertad, y *partiment* o *joc partit* cuando el primer trovador se compromete a mantener la opinión opuesta a la del otro. De tema amoroso son la *pastorella*, que narra el encuentro en el campo con una pastora, o el *alba*, que describe la tristeza de los enamorados al despedirse. Las canciones que pueden ser danzadas o bailadas se llaman respectivamente *dansa* y *balada*. Además existen géneros menores: la *cançó de croada, l'enuig i el plaer, l'escondit*, el *somni*, el *gap*, el *salut d'amor*, la *retronxa, l'estampida i el descort*, la *sestina*, el *vers* y la *cançó*.

El concepto amoroso de los trovadores fue llamado a fines del siglo XIX «amor cortés», entendiendo por «cortesía» la forma de vida del hombre que vive en una corte, modelo de refinamiento y valores espirituales. La cortesía se identifica con un *amor lleial* que permite al caballero aspirar a un premio (*preu, mèrit*), consistente por una parte en que se difunda su fama (o *llaor*), y por otra en el gozo (*joia, alegria jubilosa*). El trovador es hombre de una dama (llamada *midons*, palabra masculina que significa «mi señor») y vasallo (*homo*) de un señor (*meus dominus*). La primera no puede ser soltera: es la mujer del *dominus*, y vive en la corte o castillo. A ella se le debe fidelidad y respeto, que trasladados a conceptos poéticos se convierten en amor.

A diferencia de sus propios señores —cuyo matrimonio rara vez era fruto de un conocimiento o amor previo—, los trovadores podían escoger a su dama. De hecho, se considera a veces que el amor auténtico no es el del marido, sino el del trovador. Este juego galante puede terminar en tragedia si el señor, celoso, no comprende el «servicio» que el trovador presta a la dama con la poesía: es el caso del rosellonés Guillem de Cabestany, al que la leyenda hace morir a manos del conde Raimon de Castell Rossillon.

Como vimos, la empresa mallorquina había distraído a Jaime I de su principal empresa conquistadora. A causa de esta campaña, desatendió la petición de auxilio de Zeid Abdurrahman, desplazado como rey de Valencia por Zaen. A su regreso a Tarragona en octubre de 1230, tuvo que atender las peticiones de Sancho de Navarra, enfrentado a Teobaldo de Champaña. No obstante, envió a tierras valencianas al noble aragonés Blasco de Alagón, autorizándole a retener para sí cuanto conquistara en el Maestrazgo castellonense. En 1232, son ya las tropas reales las que conquistan Burriana. La campaña definitiva tendría lugar después de la conquista de Ibiza (1235). Valencia se rindió el 28 de septiembre de 1238, y al rey Zaen se le garantizó durante 20 días su seguridad para marcharse con sus propiedades (le acompañaron 50.000 musulmanes). Los desmanes de Mallorca no se repitieron.

En 1243, el rey castellano inició un avance por el valle del Júcar, conquistando Orihuela, Crevillente, Elche y Alicante. Su llegada al mar ponía límite a la expansión sureña de la corona de Aragón. En el tratado de Almizra (1244) se delimitará la frontera entre ambas coronas, retocada en 1304 (tratado de Campillo) en favor de la corona de Aragón.

En los años siguientes a la conquista de Valencia, Jaime I tuvo que dirigir su atención a los territorios ultrapirenaicos, donde Amauri, hijo del cruzado Simón de Montfort, había cedido sus derechos al rey de Francia, Luis VIII (1187-1226). En el mismo año de la conquista de Mallorca, Raimond VII de Tolosa, por la paz de París, había pasado a depender de Luis IX (nacido en 1214, San Luis no fue declarado mayor de edad hasta 1236 y en la práctica su madre siguió gobernando hasta 1242). En 1241, el conde de Tolosa se rebeló contra el rey francés, con ayuda inglesa, pero fue derrotado al año siguiente en Taillebourg.

Los trovadores muestran hasta qué punto las esperanzas occitanas estaban puestas en el rey aragonés, frente a los que consideraban «bárbaros» del norte. La situación se complicaba por la guerra contra los cátaros, cuyo principal bastión, Montsegur, fue conquistado por los franceses en 1244, el mismo año de la caída definitiva de Jerusalén en manos musulmanas y de la firma del tratado de Almizra con San Fernando.

Hacia 1255, cuando Jaime I defendía sus derechos sobre Montpellier, la corte francesa reclamó nada menos que Barcelona, retrocediendo en sus argumentos a tiempos de Carlomagno. Los trabajos de la comisión encargada de estudiar la reclamación desembocaron en el tratado de Corbeil (1258), por el que los franceses renunciaban a Barcelona, mientras que el rey aragonés renunciaba a sus dominios en el sur de las Galias, quedándole al norte de los Pirineos solamente el Rosellón y la Cerdanya.

La renuncia a derechos históricos por parte de Jaime I muestra su firme deseo de evitar un enfrentamiento. Emparedados sus territorios entre dos grandes coronas más poderosas (Castilla y Francia), parecía quedar sólo una vía para el desarrollo ulterior de la corona de Aragón: el Mediterráneo. Instrumento para este desarrollo fue la firma de tratados comerciales con pequeños soberanos norteafricanos y la creación de media docena de consulados, el último de ellos en Alejandría en 1262. El siguiente paso de la expansión marítima sería la conquista de Sicilia, en los días de Pedro III el Grande.

Mallorca había quedado al mando de Berenguer de Santa Eugenia, y desde 1231 hasta 1244 fue nominalmente cedida a Pedro de Portugal, como feudatario del rey de Aragón. En 1243, Jaime I tuvo con Violante de Hungría un segundo hijo varón (el primero sería Pedro III de Aragón). Jaime II el prudente, nacido como su padre en Montpellier, fue monarca de Mallorca desde su primer año de edad. Durante su reinado se fundaron once villas, se continuó la construcción de la catedral (la Seu), se renovaron los Palacios Reales de la Almudaina y de Perpinyà, se construyeron los de Bellver y Valldemossa, se inició la construcción de los conventos e iglesias de San Francisco y de Santo Domingo, de las murallas de Ciutadella, etc.

El *Bon Rei En Jaume II* será también conocido por la fundación de la universidad del reino en Montpellier, y por su relación con Ramon Llull... A éste lo encontramos en 1249 (con 16 ó 17 años de edad) al servicio del monarca aragonés, Jaime I, en cuya corte debió recibir una educación trovadoresca. Su padre podía haber muerto ya, puesto que el último documento en que se le cita — como comprador de un esclavo árabe, Alí de Bugía— es de 1246, cuando el joven Ramon no pasaba de los 14 años. Vivieran o no aún sus padres, la corte del rey de Aragón, Cataluña y Valencia se convirtió para él en familia y palestra durante los años de formación juvenil —aproximadamente siete, entre 1249 y 1256—: allí hizo *carrera* y al servicio de esta corona orientó su futuro.

El centro de las actividades cortesanas en esta época era la ciudad occitana de Montpellier. Por entonces consolidaba Jaime I, mediante la diplomacia, sus territorios. Desde el fin de la campaña valenciana en 1243-1245 callaban las armas —Llull contaba apenas seis años cuando se conquistó Valencia—, y a su manejo dedicaban sin duda los caballeros mucho menos tiempo que al *amor cortés*. Las numerosas leyendas que imaginan el comportamiento de Llull en la corte se reflejan en la biografía que publicó Rosselló en 1859. La entrada al servicio del rey es allí marcada como un voluntario «desvío» frente a la educación «en los principios religiosos más sanos» y la «instrucción sólida y provechosa» en letras y ciencias que le habrían procurado sus padres.

Según estas tradiciones no documentadas, «el amor a los placeres y locuras del mundo» habría llevado a Llull, «aun olvidándose muchas veces de las atribuciones de su empleo», a «correr de festín en festín y de sarao en sarao llevando una existencia de galán aventurero», acompañada por «delirios de poeta» en «ardientes y amorosas trovas que escribía a los objetos de su pasión». Para remediarlo, sus padres se habrían dirigido al rey, que, amenazando con «separarle de su servicio si no consentía en renunciar a sus devaneos y a sus locuras», le propuso que se casara con una dama distinta de la que traía a su corazón «inquieto y desalado».

Lo cierto es que en 1256 (con 23 ó 24 años de edad), Llull es mayordomo mayor (senescal) del príncipe, futuro *Jaume II de les Mallorques*, un adolescente diez años menor que él, y que difícilmente podría darle los sabios consejos que supone la leyenda. En 1257 Ramon estaba ya casado con Blanca Picany, que pertenecía a otra de las familias llegadas a Mallorca y fuertemente implicadas en la administración. El matrimonio tendrá dos hijos (Domènec y Magdalena). La leyenda pinta a Llull enamorado de una dama a la que persigue hasta entrar a caballo en la iglesia de santa Eulalia, «requiriéndola de amores, de donde fue echado con risa y escándalo de todos los circunstantes». La dama, «llamó reservadamente a Ramon, pintóle con negros colores su desatentada pasión y su impúdico deseo, y manifestándole cuánto engaña la humana hermosura, le descubrió su pecho que un asqueroso cáncer estaba devorando».

La leyenda transmitida por Rosselló imagina a un Llull desengañado que llevaría, después de ese episodio, una vida melancólica en la corte del príncipe mallorquín. Una vida sin duda despreocupada, en una época sin guerras y en una corte cuyo rey no ejercía el gobierno, ya que de acuerdo con las provisiones testamentarias de Jaime I, sólo a partir de 1260 la autoridad en Mallorca será atribuida a Jaime II (Aragón y Barcelona pasarán a Pedro), que toma efectiva posesión en 1262. Y aun entonces, bajo la tutela de su padre, que morirá en 1276.

La de Mallorca-Montpellier era una corte pequeña; la fortuna de Llull —mostrada en el hecho de que nombrara procuradores para recuperar a «un esclavo blanco, bautizado, de nombre Bernardo»— no era escasa, y se vio incrementada tras su matrimonio. Pero la posición poco o nada nos dice sobre las cualidades personales de Llull. Y, si bien carecemos de datos sobre su actividad juvenil, sería absurdo suponer que su genio surge de la nada en plena madurez: junto a un carácter impulsivo y extrovertido, es razonable pensar que las aptitudes literarias de Ramon eran poco comunes.

El mismo Llull describirá —en el *Phantasticus*, libro escrito en 1311, cercano ya a cumplir los 80 años— su vida en la corte de Jaime II así: «Yo era un hombre casado, con hijos, bastante rico, disoluto y mundano». En el capítulo 5 de la *Vita coetanea* —escrita en el mismo año—, afirmará que «no poseía el saber suficiente, ni tan siquiera la gramática, a no ser una parte mínima»: había aprendido a «hablar y escribir correctamente» (así define la gramática en *Doctrina pueril*), mediante la recitación del Salterio por los clérigos, pero sobre todo por la cultura trovadoresca y los relatos de caballerías, y trataría de transmitir esta cultura a sus hijos. Llull se autoacusa de infidelidad matrimonial, de afán por acumular riquezas, y de intemperancia frente a sus conciudadanos y subordinados, esclavos incluidos.

Estas acusaciones deben matizarse, ya que él mismo afirma que, tal como es corriente en el modo de hacer de los trovadores, «en muchos pasajes de esta obra exageré mis virtudes y mis vicios. Lo hice para que la obra resulte mejor figurada», escribirá en *Libre de contemplació en Déu*. Lo que él denomina infidelidad matrimonial es probablemente, en el contexto del amor cortés, la afición por cortejar a las mujeres nobles al modo trovadoresco. Respecto a sus actividades comerciales y a la forma de tratar a sus subordinados, sabemos que las familias dominantes mallorquinas actuaban en completa impunidad, como muestran disposiciones de las autoridades civiles y eclesiásticas, en el contexto de una isla recientemente conquistada, donde no sólo había musulmanes, sino también cátaros.

En Mallorca, el rey de Aragón autorizó en julio de 1231 que los templarios instalaran en Inca a treinta familias de siervos sarracenos, para trabajar como arrendatarios de un olivar, quedándose con parte del producto. Estos musulmanes podían hablar árabe y practicar libremente su religión, lo que provocaría en 1240 una queja del Papa frente a lo que consideraba un trato de favor. Salvo para una minoría de artesanos particularmente cualificados, la situación de los musulmanes que se quedaron en Mallorca era equiparable a la esclavitud, y ni los cristianos mostraron interés por predicarles el Evangelio, ni tampoco el bautismo hubiera implicado una automática promoción social.

DE TROVADOR A FILÓSOFO

Llull contaba unos treinta años cuando se produjo un acontecimiento inesperado y sorprendente, precisamente mientras se encontraba entregado a la tarea de trovar. El hecho puede situarse entre junio y julio del año 1263. El propio Llull recordaría, casi medio siglo más tarde al dictar su *Vita coetanea*, que «siendo aún joven y habiéndose entregado plenamente a la composición de cantilenas y canciones y otras lascivias del siglo», una noche en que estaba concentrado escribiendo «para una enamorada a la que amaba en ese momento con amor fatuo», miró «con insistencia a la parte derecha y vio a Nuestro Señor Dios Jesucristo, suspendido en cruz». Asustado, dejó lo que estaba haciendo y fue a acostarse.

Al día siguiente, «levantándose y volviendo a las vanidades acostumbradas, no tuvo en cuenta aquella visión», y pasados ocho días se propuso retomar la canción comenzada. Entonces se repitió la visión y Llull se acostó de nuevo, «mucho más espantado que la primera vez». Al día siguiente, se había ya «olvidado» de la visión y recomenzó su canción, pero «sucesivamente por tercera y cuarta vez, con algunos días entremedias, el Salvador se le apareció, siempre de la misma forma que antes».

Pudo haber una quinta visión antes de que Llull se pusiera «a pensar con gran espanto qué podían significar aquellas visiones tan repetidas, y el estímulo de su conciencia le dictó que Nuestro Señor Jesucristo no deseaba otra cosa sino que dejase el mundo y se entregase totalmente a su servicio». Considerándose indigno de tal entrega, «pasó toda aquella noche con mucho pesar, pidiendo a Nuestro Señor que le iluminase y, remirando en sí mismo la gran mansedumbre, paciencia y misericordia que nuestro Señor tiene con los pecadores, se confortó» y confirmó en su propósito.

Pensando cuál podría ser «el servicio que más complaciera a Dios», recordó la afirmación de Jesús de que nadie tiene amor más grande que el que da la vida por sus amigos (*Juan*, 15, 13), y decidió dar la vida por Cristo poniéndose a sí mismo en peligro de muerte para convertir «a su culto y servicio a los sarracenos, que con su multitud rodean por todos lados a los cristianos. Consternado con este pensamiento, comenzó a sufrir mucho. Sin saber cómo, Dios lo sabe», le vino el pensamiento de escribir «un libro, el mejor del mundo, contra los errores de los infieles. Pero, como él no veía ni la forma ni la manera de hacer tal libro, se maravilló mucho. Y con todo, cuanto más se asombraba, más fuertemente crecía dentro de él aquel instinto y propósito de hacer el libro susodicho, si Dios lo quisiera».

Frente a ese propósito, aparecía la consideración de que «no sabía la lengua morisca o arábiga». Como solución, «le vino a la mente acudir al Papa y también a los reyes y príncipes cristianos, para impetrarles que hiciesen diversos monasterios, donde siempre y en toda hora se pudieran encontrar personas convenientemente instruidas para ser enviadas a predicar y manifestar entre ellos la verdad de la santa fe católica». Tras estas deliberaciones, recién amanecido, «subió a una iglesia que no estaba muy lejos, y allí se postró en tierra, suplicando a Dios apasionadamente, con lágrimas, que le hiciese llevar a buen fin y conclusión aquellas tres cosas que había deliberado dentro de su alma» (*Vita coetanea*, 2-8). La iglesia podía ser la de Santa Eulalia, si como se supone, las casas de Llull estaban en la parte noreste de Palma.

Viera lo que viese Llull en esas noches de verano, el resultado es claro: el trovador cambiará la búsqueda del favor de las mujeres y la belleza del mundo en general por el deseo de agradar al crucificado y el amor a la cruz. A pesar de tratar repetidamente de cerrar sus ojos y su mente a esa visión, Llull llegó a convencerse de que Cristo —no como un recuerdo, sino como una realidad presente— daba la vida por él, y se sintió movido a corresponder a ese amor. En un breve espacio de tiempo, afronta una vocación, una misión y unos medios, como acciones ante las que aparecen reacciones de resistencia: frente a la vocación de entrega a Cristo, su indignidad; frente al deseo de convertir sarracenos, el peligro; frente al libro que serviría para convertirlos, su ignorancia del árabe.

Por entonces había muchas formas de «entrega» a Dios, en la vida religiosa, en las órdenes militares para quienes quisieran ser al mismo tiempo monjes y soldados, o sin someterse a una regla determinada, abrazando la cruz para enrolarse en una cruzada... Pero ninguna de ellas tenía que ver con la conversión de los infieles. No obstante, la misión de Llull no es insólita, pues formaba parte del ideal de las órdenes mendicantes, y en la propia Mallorca un comerciante genovés, Inghetto Contardo, organizó en el mismo año 1263 una discusión pública sobre la fe con un judío.

Llull explica que, al terminar su oración, «regresó a su casa» y a dedicarse a sus negocios, siendo «muy tibio y remiso» en cumplir sus propósitos. En la fiesta de San Francisco de Asís (4 de octubre), «fue tocado en sus entrañas» por el sermón «de un obispo» —Ramon de Torella, si es que era el de Mallorca— que explicaba cómo San Francisco dejó las cosas mundanas «y se entregó totalmente a pertenecer a Cristo». Llull decidió vender sus posesiones «y hacer lo mismo». Dejó parte de sus bienes para sustento de su mujer e hijos, y (probablemente ya en 1264) marchó de romería «a Santa Maria de Ruppis Amatore» (Rocamadour, santuario ochenta kilómetros al norte de Tolosa, existente en el siglo X, y cuya construcción principal se terminó hacia 1250), «a Santiago y a diversos lugares santos» para pedir a Dios que «le enderezase» en los propósitos que «Dios había puesto en su corazón» (*Vita coetanea*, 9).

El despego de Llull respecto a lo que hasta entonces había constituido su vida es tal que, tras las romerías, «deliberó ir al gran Estudio de París, para aprender allí gramática y otras ciencias» que le ayudaran en su propósito. «Pero sus amigos y familiares, y principalmente el mestre Ramon de Penyafort», con quien se encontró en Barcelona, «se lo impidieron y le argumentaron para que aún no fuese, sino que volviese a su ciudad de Mallorca». Es de notar que los amigos y familiares que tratan de hacer cambiar a Llull de opinión no son mallorquines, sino barceloneses: San Ramon de Penyafort vivió en Barcelona de 1260 a 1269. Tras regresar Llull a Mallorca (hacia 1265), dejando de lado «todas las superfluidades de vestiduras y de ritos solemnes a que acostumbraba, se vistió un hábito de la más gruesa hechura que encontró» y se puso a estudiar «gramática». Además, «compró un moro» para que le enseñase árabe, y así pasaron nueve años (*Vita coetanea*, 10-11).

Veinte años después, en el capítulo cuarto del *Libre d'Evast e d'Aloma e de Blanquerna* (se suele citar por el nombre del tercer personaje), Llull representará los hechos —bajo la figura del matrimonio entre Evast y Aloma—, sin que podamos apreciar hasta qué punto la narración es autobiográfica. Ante la negativa de su esposa a separarse para entrar ambos «en orden de religión para vivir en mayor santidad», afirma Evast que lo que le motiva es que «en mi corazón ha entrado designio de dejar el delito carnal y darme a la oración tan fuertemente que ninguna otra cosa haya en mi corazón ni en mi pensamiento sino tan solamente Dios». Añade que desea «sacrificar y sumir» el cuerpo de Cristo, a lo que la mujer contesta que se contente con hacer de monaguillo.

Si el relato de *Blanquerna* es autobiográfico, Llull habría presentado a su mujer una versión «suavizada» de lo sucedido, omitiendo las visiones y dejando sólo la conclusión de que quería dedicarse a Dios. Es posible que, por influencia de doctrinas cátaras o de otro tipo, pensara por aquel entonces que el estado matrimonial implica un impedimento para la vida de oración; si no un pecado, como sugiere la expresión *delito*. En *Blanquerna*, es la mujer quien —a pesar de su deseo de obedecer en todo a su marido— se niega a la propuesta alegando la indisolubilidad del vínculo matrimonial —querida por Dios, quien por tanto no puede pedir algo que vaya contra el vínculo— y propone a su marido hacer oración y penitencia en casa, o irse juntos a un lugar apartado, renunciando incluso al trato carnal. La propuesta es criticada por Aloma —presunta representante de doña Blanca Picany— porque puede ser un deseo de cambio de estado fruto «de la falta de devoción» que lleva a muchos hombres y mujeres «a despreciar su orden» (estado) y «salirse de él».

Es posible que Llull no contara a su mujer todo lo que le había sucedido, pero posteriormente lo dictó en el relato que ha llegado hasta nosotros ¿Podemos continuar la biografía de nuestro personaje *como si tal cosa* sin preguntarnos por la veracidad de las visiones que afirmó haber experimentado? Llull no afirmó que se le hubiera aparecido un muerto, sino Jesucristo, Dios y Hombre, que murió y resucitó: alguien que, según él creía, estaba vivo entonces y lo estaría eternamente, y que por ser Dios tenía poder para hacerse ver por quien y donde quisiera. Para Llull, lo que dijo haber presenciado no era absurdo, y no lo es para nadie que crea en la existencia de un ser omnipotente para quien no es imposible hacerse hombre, morir y resucitar, e igualmente aparecer a la vista de otro hombre mil doscientos años después de haber muerto y resucitado.

El testimonio de Llull constituye, pues, una dificultad añadida para quien no crea en Dios. Quien crea en Dios se encuentra en este punto con un hecho que no es imposible, pero en el que no tiene por qué creer. Tiene, sí, más razones para esperar antes de hacer un juicio definitivo acerca de la cordura del personaje. Pero, insisto, es imposible intentar ponerse en su piel y comprenderlo si se pasa sobre esta cuestión como sobre ascuas.

Llull vivía en una época donde muchas personas afirmaban actuar motivadas por algo —la fe en Dios— que hoy resulta quizá menos corriente. Él mismo se presenta como testigo de sucesos no ya extraordinarios sino *sobrenaturales*. Si no se admite la posibilidad de tales sucesos es, desde luego, difícil conceder a Llull el *beneficio de la duda*. Sin embargo, me parece que sería abusivo no concederle el *beneficio de la racionalidad*. De una racionalidad correspondiente a su época.

Si se quiere pensar que Llull fue víctima de una alucinación, conviene tener presente que ello contradice su propio testimonio, y que éste es el único de que disponemos. Él afirmó la realidad de las visiones a sabiendas de que, a causa de ello, le tomarían por *visionario*. No era un hombre desengañado ni amargado, sino alguien que disfrutaba componiendo poesías amorosas: tan poco predispuesto a cambiar esa actividad por la contemplación de un hombre crucificado y sufriente, que rechazó repetidas veces las visiones que creía tener. Tan poco predispuesto a éxtasis místicos que se pasó varios días en cama para ver si se le pasaba esa *anomalía* que le distraía de la lúdica actividad en la que quería concentrarse.

Llull mismo fue, por tanto, el primero que pensó ser víctima de una alucinación. Pero al final se le impuso con evidencia que lo que veía —algo sin duda

58

desagradable para quien estaba tratando de contemplar la realidad de una mujer hermosa— no procedía de un malestar interno, sino que era otra realidad, a la que pensó que debía prestar atención. Llull no era un fanático fundamentalista presto a inventarse una excusa para abandonar unas actividades en la corte que ya no le divertían, y de paso su propia familia y sus negocios. Ni siquiera era un hombre tan coherente como para poner inmediatamente manos a la obra, sino que necesitó tres meses para que la prédica de un obispo le recordara sus propósitos.

En el relato de Llull no hay rastro que permita sustentar lo sucedido en un remordimiento. A pesar de ello, Miquel Batllori, que en el libro *Ramon Llull en el món del seu temps* califica la *Vita coetanea* como «una de las más auténticas» autobiografías de la Edad Media, considera las visiones como una proyección al exterior de un «sentimiento ético de arrepentimiento y un sincero estímulo religioso que le retraía de su amor ilícito». Valga como ejemplo de que no todos los autores ven las cosas como las veía Llull... Volvamos ahora al relato biográfico con otro pasaje en el que él mismo describe poéticamente lo sucedido (*Desconort*):

«Cuando fui mayor y percibí la vanidad del mundo,
comencé a obrar mal y caí en pecado,
olvidando al Dios glorioso y siguiendo la pasión
[carnal.
Plugo a Jesucristo en su gran piedad
que se me apareciese crucificado, por cinco veces,
para que le recordara y de él me enamorara.»

Llull pensó dejar a su familia, lo que no parece haber sido frenado por su mujer. En cambio, no dejó de escuchar los argumentos de sus familiares catalanes en contra del viaje a París. Con todo, quien más le influyó fue Ramon de Penyafort (hacia 1175 ó 1180-1275). Si lo que le puso definitivamente en marcha fue el ejemplo del fundador de los franciscanos, sería un dominico quien le orientara en el modo de realizar los estudios para los que se sentía llamado. Y en concreto, un dominico no falto de experiencia en los asuntos que inquietaban a Llull, no sólo por su ancianidad (cerca de noventa años de edad), sino porque, como veremos, se había ocupado de fomentar la predicación del cristianismo a los musulmanes.

Los viajes emprendidos por Llull tras su *conversión* se mencionan en el segundo de sus libros, el *Libre de contemplació*, cuando contrasta el modo de vida de los «peregrinos y romeros», que en cierto modo refleja el que él hasta entonces había llevado, y la vida de Cristo y de quienes imitan su pobreza. Hablando con Dios (todo el libro está redactado en forma de oración) afirma el mallorquín que peregrinos y romeros «van a buscarte cabalgando; pero vos, Señor, cuando viniste a este mundo a buscarnos anduviste» con pies descalzos, clavado en la cruz y con una corona de espinas; ellos cabalgan «en palafrenes», y el Señor «en la burra»; ellos llevan «la señal de la cruz en sus músculos», y el Señor «la cruz en vuestros músculos»; ellos llevan blancas vestiduras, y el Señor está en la cruz «pobre y desprovisto de todo vestido».

Para colmo, a menudo los hombres con los que los peregrinos se encuentran en hostales e iglesias los corrompen, de modo que terminan siendo «peores de lo que eran antes de irse de romería». Para encontrar a Dios, por contra, hay que acudir «a las bocas de los hombres religiosos empobrecidos por vuestro amor».

Más severa crítica que los peregrinos encontrarán en esta obra primeriza de Llull sus antiguos colegas, los juglares (capítulo 118). La denominación «juglar» (o «juglaría») aparece en este capítulo 62 veces, contra sólo tres veces la de «trovadores», que acompaña a la de juglar, pero designa a quien sólo compone, sin cantar ni bailar como los juglares. En su oración dice el autor a Dios que el arte «de juglaría comienza en vos a loar y en vos a bendecir» hallando modos «con que el hombre se alegre en vos», pero «en nuestro tiempo toda el arte de juglaría ha cambiado» para hacer versos y canciones «de lujuria y de vanidades de este mundo», cosas «que no son dignas de ser loadas», de modo que son pocos los que «mantienen el arte según como fue comenzada» y por obra de los juglares «es olvidada vuestra bondad» y en cambio ensalzadas «todas las obras de pecados, y son amadas todas las formas con las que el hombre es desobediente a su señor y salvador».

Llull lamenta que «por lo que los juglares hacen y dicen se provocan tensiones y guerras y batallas entre los príncipes, los caballeros y los pueblos»; por ellos «se descasan las mujeres y se corrompen las doncellas», por ellos se hacen los hombres «altivos y orgullosos, ignorantes y desleales». Por el contrario, las cosas dignas de alabanza «son por los juglares perseguidas y escarnecidas, malditas y menospreciadas». El antiguo trovador expresa su deseo de que haya «juglares verdaderos que alaben lo que hay que alabar y denosten lo que hay que denostar», y que nadie más que ellos sepa «trovar ni cantar ni tocar ningún instrumento». Dios, «perfecto, eterno y lleno de bienes» merece tener más juglares que «este mundo, que es vil y mezquino, y caduco y pobre de todo valor», pero «vuestros juglares son tan pocos que apenas se les ve entre los otros», a pesar de que «vos seáis, señor, tan buen pagador».

Además de los «que alaban a los príncipes y a los hombres mundanos, y a las vanidades de este mundo y a sí mismos», hay otros falsos juglares: los que alaban a Dios «con tal de ser alabados por la gente y así puedan cometer delitos temporales». Aunque sean muy pocos «los que os alaban y bendicen con verdadera intención y amor verdadero», más valen estos que todos los demás, «pues hombre que alaba mintiendo, no alaba sino que desalaba, ni honra a aquel a quien alaba, sino que lo deshonra». Llull contrasta a los juglares con Jesucristo, arquetipo de los juglares verdaderos, ya que «los juglares bailan y cantan y tocan instrumentos delante de los hombres con tal de moverlos a alegría», y Jesucristo quiso «ser hombre y estar lloroso, y pensativo y angustiado, y ser atormentado y muerto, con tal de alegrarnos a nosotros en la gloria del paraíso».

Por último, hace un duro contraste entre los juglares, vestidos ricamente y a los que los príncipes agasajan con buena comida, y los «pobres mezquinos que por amor de vos piden», y que deseando tener de las sobras de lo que comen los juglares, se quedan fuera del palacio, «vestidos con viles trapos rotos y muertos de hambre». A los juglares se les regalan caballos y palafrenes, plata y oro, mientras a los pobres se les dan «viles dones». Con un nuevo contraste, considera Llull a los (falsos) juglares como los peores hombres del mundo, para proponerse acto seguido ser «verdadero juglar, dando verdadero loor de su Señor Dios».

Llull sintió la necesidad de estudiar para adquirir la doctrina imprescindible en la tarea que se proponía. El estudio era el principal distintivo de la Orden de Predicadores, desde que Santo Domingo de Guzmán (1170-1221) pusiera en marcha su primera casa en 1206 e iniciara la predicación contra los cátaros en 1213 (dos años antes de que Inocencio III estableciera la orden dominicana como tal bajo la regla de San Agustín, añadiendo el carácter mendicante). Su influencia será notable en la universidad de París, surgida a partir de las escuelas catedralicias fundadas en París en el siglo XII y de la asociación de profesores creada a fines del mismo siglo. El *Studium* como tal fue creado en 1200 por el rey Felipe Augusto, obtuvo autonomía con los estatutos pontificios de 1215, y sobre todo con la bula *Parens Scientiarum* (1231), otorgada tras llegar los frailes mendicantes a la universidad.

Con Francisco de Asís (1182-1226) tenía Llull mayor semejanza biográfica. La Orden de Frailes Menores (OFM) contaría con intelectuales destacados como San Buenaventura, pero en el contexto de la lucha contra el catarismo, no faltaban quienes veían un peligro de anarquía en el desprecio del mundo cuando a la pobreza absoluta se daba prioridad sobre la preparación doctrinal. Ese fue el caso de franciscanos como Juan de Parma (1247-1257), y a la postre daría lugar a la polémica con los llamados *espirituales*.

Llull se preparó para su misión sin abandonar Mallorca, donde encontró fácilmente quien le enseñara árabe para conocer la religión mahometana y el pensamiento de los filósofos musulmanes. El contexto hispánico era privilegiado, ya que en él alcanzaron su apogeo las traducciones del árabe, desde la primera mitad del siglo XII en Barcelona, Tudela y Zaragoza, y a partir del pontificado del obispo Raimundo de Toledo (1125-1152), y durante más de un siglo, en la antigua capital visigótica. En las primeras décadas del siglo XII se añadieron a las traducciones de la lógica aristotélica, las de sus obras de carácter físico o filosófico-natural, culminándose esa tarea a mediados de la centuria con los escritos de lógica, metafísica y ética.

El paso de las traducciones a auténticas escuelas (*Studia linguarum*) donde se enseñaba árabe, hebreo y cultura islámica, fue iniciado por los dominicos desde la Península Ibérica (Murcia, Barcelona, Valencia y Játiva). Su principal impulsor hispano fue precisamente el consejero de Llull: Ramon de Penyafort, que entre 1238 y 1240 fue el tercer «general» o maestro de la orden (segundo sucesor de Santo Domingo). Uno de los estudios más significativos fue el de Túnez, fundado en el Capítulo General de Toledo (1250).

En estos centros la enseñanza del hebreo y del árabe se encargaba a judíos y musulmanes. La predicación a los musulmanes fue particularmente impulsada por el francés Humberto de Romans, maestro de la orden entre 1254 y 1263. Dentro del modelo de discusión racional promovido por Penyafort para persuadir a los no cristianos cabe incluir la *Summa contra Gentiles* de Tomás de Aquino (1258), y las obras de Ramon Martí *Explanatio symboli* (1257) y *Pugio fidei contra Iudaeos* (1278).

En Mallorca, Llull combinó los estudios de árabe con las visitas al monasterio de La Real, por entonces único de la isla, donde, según Batllori, los victorinos —canónigos regulares que seguían la orden de San Agustín, en este caso tras las huellas de Hugo de San Víctor (1096-1141)— le enseñarían las doctrinas de San Anselmo y San Agustín. Además de la Biblia, el Corán y el Talmud, según Amador Vega, los filósofos leídos por Llull en sus años de formación fueron: Platón, Aristóteles, el musulmán Algazel, San Anselmo, Ricardo de San Víctor y Avicena. Además, habría que tener en cuenta a los cabalistas que pretendían encontrar verdades ocultas combinando los significados de los nombres de Dios. Uno de ellos es el judío Abraham Abulafia (nacido en 1241 en Zaragoza y muerto en Barcelona después de 1291), cuyos principales escritos místicos son sin embargo posteriores a 1270.

La filosofía desarrollada en los países musulmanes consistió inicialmente en una mezcla de influencias griegas y cristianas. El sincretista iraní Yaqub Ibn Ishaq al-Kindi (800-873) es el primer musulmán que propone «recuperar» la validez de la verdad revelada por medio de la demostración, partiendo de las teorías neoplatónicas de la emanación y el concepto del Uno; de la metafísica aristotélica sobre la causalidad y sobre el conocimiento intelectual; y de las doctrinas neoplatónicas sobre el alma y el método dialéctico. La lógica de Aristóteles servía así de base para estudiar los problemas definidos por los griegos, pero también por la religión islámica. Los principales objetos de discusión eran el antropomorfismo y el conocimiento de Dios, la creación y la profecía, la libertad humana y la inmortalidad. Su objetivo era encontrar sistemas universales que permitieran establecer la validez axiomática de las verdades lógicas, metafísicas, proféticas e inspiradas. A comienzos del siglo IX se funda en Bagdad la «casa de la sabiduría», de cuya influencia serán herederos Abu Nasr al-Farabi (870-950) y Avicena (980-1037).

La ciencia en los países islámicos se desarrolló sobre todo en los campos de las matemáticas (cálculo) y la astronomía, iniciándose la creatividad propiamente filosófica con al-Farabi y Avicena, que tratan de armonizar fe y razón. En sus reflexiones sobre creación y profecía (*Las ideas de los habitantes de la ciudad virtuosa*), al-Farabi examina las relaciones entre felicidad y régimen político (*Shi'a*), y asegura que la actividad intelectual, incluida la profética, no está restringida por la voluntad de Dios. El médico iraní Avicena (Ibn Sina) definirá la profecía como el conocimiento intelectual de la experiencia mística, y establecerá la distinción entre ser necesario por sí, y ser necesario por otro y posible por sí.

El siglo XII contemplará el mayor desarrollo de las ciencias intelectuales en el mundo musulmán. Este desarrollo se interrumpe al ser conquistado en el siglo XIII el califato abásida de Bagdad por los mongoles, y sobre todo en el siglo XIV por el tradicionalismo impuesto por el filósofo sirio Ibn Taymiyya (1263-1328), crítico acérrimo de Avicena. Las obras más importantes del siglo XII son la teología (*'Ash'arite*) del asceta itinerante iraní al-Ghazali (Algazel, 1058-1111 ó 1128; también llamado al-Gazalí o Algacel); la filosofía política de los andalusíes Ibn Bajja (muerto en 1138) e Ibn Tufayl (muerto en 1185), en la línea de al-Farabi; y los comentarios aristotélicos de Averroes.

En su obra *Tuhafat al-Falasifa* (*La incoherencia de los filósofos*), Algazel pretendió usar la lógica aristotélica y la filosofía neoplatónica para defender la fe musulmana frente a la filosofía racionalista aristotélica: contra al-Farabi, rechazó que la razón fuera capaz de comprehender lo absoluto e infinito. A la religión correspondería el estudio de lo infinito, y a la razón el de lo finito y relativo. Frente a él, el cordobés Averroes (Abul-Waleed Muhammad Ibn Rushd, 1128-1198) afirma la autonomía del pensamiento filosófico, elaborando una concepción del mundo racionalista. Critica a Avicena por la distinción en la necesidad de los seres —para Averroes, todo ser existente es necesario—, pero sobre todo critica en Algazel una falta de lógica que equivaldría a negar el principio de causalidad: «los más expertos en el arte del debate teológico se refugian negando la conexión necesaria entre la condición y lo condicionado, entre una cosa y su definición, entre una cosa y su causa, y entre una cosa y su signo», escribe en *La incoherencia de la incoherencia*.

En el campo de la mística musulmana (el sufismo o *tasawwuf*), la principal aportación andalusí tiene lugar algo más tarde, ya en el siglo XIII, por obra del murciano Abenarabí (Ibn al-Arabí, 1165-1240), que compuso sus principales obras en Damasco a partir de 1229: los principales de sus más de 400 manuscritos son los que describen las «revelaciones» que tuvo en La Meca (*Kitab al-Fu tuhat al-Makkiyya*) o el hagiográfico tratado sobre la santidad (*Risalat al Quds*). De Abenarabí procede una concepción de las perfecciones divinas (*hadras*), que según algunos autores (Miguel Asín Palacios) inspirará el concepto de dignidades divinas en Llull.

Averroes se ganó fama de impío por sus doctrinas sobre la eternidad del mundo y la doble verdad, aunque ésta última no fuera más que una defensa del pensamiento racional frente a ataques fundamentalistas. El primer escolástico cristiano que lee a fondo los comentarios de Averroes a Aristóteles es el dominico alemán Alberto Magno (1200-1280). En París, tras una etapa de asimilación favorable en la Facultad de Artes (de 1225 a 1256), se pasó a criticar el llamado «averroísmo latino», cuyo representante principal sería Siger de Brabante (hacia 1240-1284). San Alberto critica en el *De unitate intellectus* el monopsiquismo de al-Farabi, Avicebrón, Avempace (Ibn Bâdja, muerto en 1138) y Averroes: de éste acepta la conjunción del alma con el intelecto separado, pero rechaza la teoría de la unidad y unicidad del intelecto posible. Averroes, sin embargo, no afirmaba, como creían los averroístas latinos, una inmortalidad genérica en la que el alma quedaba «diluida» en un único entendimiento eterno compartido por todos los hombres, sino que creía en la existencia de premio y castigo personal tras la muerte.

Tomás de Aquino será el primer filósofo cristiano que contraste el aristotelismo de Averroes con las traducciones directas de Aristóteles del griego hechas por Roberto Grosseteste (hasta 1253) y Guillermo de Moerbeke (1260 y 1285). En Averroes acepta el Aquinate la doctrina de Dios como acto puro; la pluralidad de nombres divinos, que no supone multiplicidad alguna en Dios; la interpretación de lo que Platón denomina movimiento en Dios como referido sólo al pensamiento y amor divinos; o el tomar a Dios como medida de todas las cosas: su actividad y la de las criaturas no son unívocas. No obstante, Tomás de Aquino (que enseñó en París entre 1252 y 1269) marcará sus distancias con el autor musulmán en el *De unitate intellectus contra averroistas*, escrito en el mismo año (1270) en que los averroístas latinos fueron por primera vez condenados por el obispo de París.

Desde el punto de vista político, por lo que hace a las relaciones entre el papado y los reyes cristianos, los años dedicados por Llull al estudio en su casa de Mallorca se enmarcan dentro del llamado «gran interregno»: tras la muerte en 1254 del emperador Conrado IV y del papa Inocencio IV, y en 1256 del «antirrey» Guillermo de Holanda; durante casi veinte años, el Sacro Imperio careció de titular. Frente a la línea güelfa que había acaudillado Federico Hohenstaufen, los gibelinos de Pisa propusieron como candidato a Alfonso X de Castilla y León (hijo de Beatriz de Suabia), con apoyo del arzobispo de Tréveris, del duque de Sajonia y del marqués de Brandemburgo.

Frente a él, Ricardo de Cornualles fue apoyado por los arzobispos de Colonia y Maguncia, el duque de Baviera y Ottocar de Bohemia. Ante la falta de una autoridad central, se reforzó la de las ligas locales como la Hansa alemana, o la Liga del Rin. En 1265 el Papa había investido rey de Sicilia al francés Carlos de Anjou. En 1272 murió Ricardo de Cornualles, pero entonces el papa Gregorio X prefirió apoyar, en lugar de al monarca castellano, al candidato de los electores alemanes: el conde Rodolfo de Habsburgo, que sería coronado el 24 de octubre de 1274 en Aquisgrán. Su elección alejó definitivamente de Italia las pretensiones anexionistas del Sacro Imperio, cada vez más identificado con Alemania.

Fechando las *visiones* de Llull en 1263, el comienzo de su producción literaria —o si se prefiere, el fin de su época inicial de estudios— habría que situarlo en 1272. Su relación con el maestro de árabe terminó con un violento episodio. Según nos cuenta en la *Vita coetanea*, el «moro» blasfemó, en ausencia de su amo, contra Jesucristo. Cuando se lo contaron, Llull golpeó al siervo «en la boca, la cara y la cabeza». Días más tarde, éste se abalanzó contra su señor con un puñal «muy cortante» gritando: «¡Ahora morirás!». Llull esquivó el golpe, recibiendo una herida en el vientre, y tras un forcejeo, arrebató al esclavo el puñal y lo hizo encarcelar, a pesar de que quienes vivían en su casa le instaban a que lo matara *in situ*.

Confuso porque pensaba que no debía dar muerte a una persona «de la que había recibido el gran beneficio de aprender la lengua morisca», pero por otra parte temiendo que el moro volviese a intentar matarle, Llull oró durante tres días en el monasterio de

Nuestra Señora La Real, sin salir de su perplejidad, por lo que regresó triste a su casa. De camino, se desvió para pasar por la prisión y visitar a su esclavo, y descubrió que «estaba ahorcado con la cuerda con que estaba preso»; de modo que dio gracias a Dios «por haberle conservado las manos limpias de la muerte de dicho sarraceno».

LAS PRIMERAS OBRAS
DE RAMON LLULL

La muerte de su maestro de árabe enmarca el período en que Llull escribe sus primeros libros. La *Lògica del Gatzell, Lògica d'Algatzell* o *Lògica en rims* (1271), escrita en árabe, y traducida por el mismo Llull al latín (*Compendium logicae Algazelis*) y al romance; seguida por el *Libre de contemplació* (1273 o en todo caso antes de 1275), escrito en romance también a partir de un original árabe.[2]

Sólo se conservan las versiones latina y romance (1613 versos rimados) de la *Lògica del Gatzell*. Con el fin de adaptar su pensamiento a la forma de discutir de la teología islámica, Llull adopta la lógica aristotélica y empieza enumerando cinco «universales»: género, especie, diferencia, propiedad y accidente, que la terminología lógica prefiere llamar predicamentos. Llull no define estos «universales», pero me parece que hoy día (si no también entonces) es con-

---

[2] Dataré las obras de Llull según la cronología del Raimundus-Lullus-Institut de Friburgo de Brisgovia para las 266 obras (más 14 perdidas) que cita Gayà en *Ramon Llull, una teología para la misión*.

veniente explicar algunos puntos de la filosofía aristotélica antes de seguir adelante.

Cuestión clave en la filosofía de todos los tiempos ha sido el cambio o «movimiento»: ¿cómo es posible que las cosas que son dejen de ser, o viceversa? Entre los primeros filósofos griegos, Parménides (muerto en 440 a.C.) negó la realidad del cambio, pues iría contra el principio de que «el ser es y el no ser no es». Por el contrario, Heráclito (muerto en 456 a.C.) lo elevó a la categoría de única realidad («todo cambia», *panta rhe*). Platón (muerto en 347 a.C.) creyó resolver el dilema afirmando que las cosas que vemos no son realmente, sino que su ser es una cierta participación dependiente, a modo de «sombra», de unas ideas inmutables que serían la auténtica realidad. Pero si las ideas están unidas a las cosas mutables, no queda claro cómo es que los cambios no afectan a las ideas.

Aristóteles (384-322 a.C.) se propone dar una explicación que no niegue la evidencia (por ello su filosofía se llama realista). La dicotomía *ser-no ser* se puede comprender, según el Estagirita, si aceptamos que las cosas son compuestas. Frente a la identificación del ser con las ideas inmutables o con la materia en continuo cambio, afirma que son los seres quienes existen y cambian, y que en estos cambios son las ideas lo que cambia en los seres (no en sí mismas), y la materia lo que permanece.

Las ideas hacen ser «de una determinada manera» a la materia; por eso Aristóteles las llama *formas*, para remarcar que conforman a la *materia*, haciéndola ser con determinadas perfecciones. Así se explica que seres diversos tengan algo en común (la *forma*), pudiendo dos vasijas distintas ser al mismo tiempo jarrones. El entendimiento humano compara cosas distintas y comprende la forma que comparten: por eso llama Aristóteles *universales* a las ideas en cuanto cognoscibles (como conceptos en el entendimiento humano) y *formas* en cuanto se hallan realmente presentes en las cosas.

Si un jarrón de vidrio cae al suelo y se rompe, la *forma* de jarrón es sustituida por la de un montón de vidrios (que por su parte conservan cierta estructura: la *materia* es siempre «de algún modo», está siempre conformada). Pero éste no es el único tipo de cambio del que somos testigos, dice Aristóteles. Podemos pintar el jarrón de vidrio de color rojo, y se habrá producido un cambio, aunque el objeto siga siendo un jarrón. Incluso podremos decir que ahora el jarrón tiene algo (nuevo) en común con otras cosas (por ejemplo, con un vestido rojo).

De esta forma diferencia Aristóteles *sustancia* y *accidentes*. Define la *sustancia* como «lo que es en sí» y los *accidentes* —propiedades como el color, la temperatura, la dureza, etc.— como «lo que es en otro» (en la sustancia: como el color en el jarrón o en el vestido). En cuanto determinan a la materia, tanto la sustancia como los accidentes son formas, pero los segundos actúan «a través» de la primera. Cuando el jarrón de vidrio cae al suelo, se produce un cambio «sustancial» («la cosa en sí» deja de ser un jarrón), pero pueden permanecer determinados accidentes (los vidrios rotos siguen siendo rojos). Viceversa, pueden cambiar determinados accidentes, permaneciendo la sustancia, como en el jarrón que cambia de color.

Aristóteles se pregunta qué hace posibles los cambios, y concluye que las cosas se componen de *acto* y *potencia*: lo que las cosas son y lo que pueden llegar a ser. El vidrio líquido lleva en sí la capacidad de convertirse en jarrón, y el soplador de vidrio tiene la capacidad de fabricarlo: cuando de hecho lo fabrica «pone en acto» esa *potencia* (la suya de fabricar el jarrón y la del vidrio de ser jarrón). *Acto* es toda perfección que encontramos en un ser, y estas perfecciones las conocemos al observar cómo esa capacidad se realiza en un cambio operado sobre seres que tienen la *potencia* de «ser movidos» (cambiar).

Relacionando las divisiones encontradas en los seres, Aristóteles concluye que la potencia «reside» en la materia, que tiene un papel pasivo en los cambios (es lo que permanece o es modificado), mientras que la actividad reside en la forma, ya que ésta es la que «hace ser» de determinada manera (con determinadas perfecciones actualizadas) a la materia. Considerada en sí misma, la materia (en este caso Aristóteles la llama «materia prima») es una entelequia: es pura pasividad, puro «poder ser» que no puede «ser en sí» (ser substancia).

Aristóteles dejó apuntado que «el ser de una cosa no es su misma esencia, pues el ser no forma parte de ningún género». La esencia es, pues, entendida como aquello que hace ser a los seres de una determinada manera y no de otra (y que en consecuencia permite clasificarlos en géneros distintos): en cuanto captable por el entendimiento (conceptuable), la esencia coincide con los universales; y en los seres que obran (naturales) es la naturaleza: aquello por lo que obran de determinada manera —la que corresponde con su esencia— y no de otra.

La distinción entre la esencia y su «binomio» es probablemente la más sutil de toda la filosofía: después de Aristóteles la trataron Boecio (480-524), Avicena, y finalmente Tomás de Aquino denominó al «binomio» de la esencia *acto de ser*. De esta forma, explicó que la relación entre ambos es de hecho la de la potencia con el acto, más bien que la de la materia con la forma. En efecto, la esencia (en cuanto lo universalmente captable del ser) parece coincidir con la forma (sería una «forma de ser»); pero el ser en acto no es la materia —lo informe—, sino lo que *hace ser* «a algo» (a la esencia): los seres no son por tanto *esencias existentes*, como si su existencia fuera un accesorio pasajero que simplemente las distingue de los conceptos universales.

La experiencia de que hay individuos distintos de la misma especie (que son o actúan «de la misma forma») delataría que esencia y existencia no son lo mismo ni están indisolublemente unidos (en tal caso sólo podría existir un individuo de cada «forma de ser» o especie): todos los seres serían, además eternos, porque la esencia no cambia. Pero los seres pueden dejar de ser: Parménides confundía probablemente los seres con esencias... La esencia necesita, para ser *en* un ente concreto, un acto al que el Aquinate llama *acto de ser*. Como tal, «activa» la esencia, y no sólo la forma, pues tanto la materia como la forma *son* (partes del ser): en concreto «activa» la forma y por la forma la materia (que es pasiva), permitiendo que haya individuos distintos de la misma especie (la materia es principio de individuación).

La esencia no puede ser ajena a la materia (es potencia respecto al acto de ser —al que de algún modo «pone límites», pues en sí el ser, *acto de todo acto*, no contiene limitación—, como la materia respecto a la forma), pero tampoco a la forma, pues la evidencia es que los seres son «de tal o cual modo» (y no indeterminados, como la materia). La esencia no es el compuesto de forma y materia (que es el ser concreto), pero tiene que ver con ambas, hasta el punto de no poder existir en absoluto fuera de los seres (serían esencias eternas comparables con las ideas platónicas). Aquino corrige por tanto el planteamiento aristotélico, precisando que los conceptos no son las formas, salvo en el caso de los seres inmateriales (los ángeles, en los que individuo y especie coinciden).

Los universales son las esencias en cuanto conocidas por el entendimiento humano (conceptos). Una cualidad abstracta será tanto más universal en cuanto sea común a mayor número de seres. Hay universales que «coinciden» (*convertuntur*) con el ser, en el sentido de poder ser predicados de todos los seres: la unidad, la verdad, la bondad y la belleza coinciden desde distintos puntos de vista con el ser, ya que todos los seres las poseen. Aristóteles llama *categorías* a la sustancia y a los accidentes, en cuanto cognoscibles. En su lógica, en cambio, da este nombre a los «géneros supremos»: los cinco predicamentos (así tradujo Boecio al latín las categorías lógicas aristotélicas) que Llull denomina universales: género, especie, diferencia específica, propiedad (*proprium*) y accidente lógico.

Llull explica estos predicamentos (a los que él llama «universales») más los accidentes en la *Lògica del Gatzell* con ejemplos sencillos. Alude después a los dos tipos de proposiciones (predicativa y condicional) y a las cuatro formas de predicar (de todos los sujetos, de ninguno, de algunos, y de «no-ninguno») que hacen que las proposiciones puedan ser afirmativas universales, negativas universales, afirmativas particulares y negativas particulares.

Pasa después Llull revista a las reglas lógicas, y a las partes y condiciones del silogismo, que define como una de las cuatro formas de hacer una conclusión: es el «verbo cabal» (verso 524) con el que a partir de dos proposiciones se forma una conclusión. Las otras tres formas de obtener conclusiones son el entimema (que extrae una conclusión a partir de una sola proposición: «Pedro es sensible, luego Pedro tiene cuerpo»), la inducción (que prueba lo universal a partir de casos particulares) y el ejemplo. La que podemos denominar primera parte de la lógica termina explicando las reglas del silogismo como instrumento para convertir unas proposiciones en otras (lógica combinatoria).

En los versos 675-709, Llull expone cuatro modos de «encontrar secretos»: uno sensual, para conocer lo sensible, signo de otras cosas «como la forma es signo de su autor»; el segundo método es «con sensual», porque a través del mundo sensible se «demuestra» o «entiende» el inteligible; en el tercer método, lo intelectual se percibe como prueba y señal, a semejanza de como verdadero y falso son los mayores contrarios en el mundo. Con estos tres métodos —dice— se demuestra la existencia (el «significado») de Dios, pues si no existiera Dios no habría menor (oposición) entre verdadero y falso, mientras

78

que si Dios existe, hay mayor contrariedad entre verdadero y falso.

En el cuarto camino «por lo intelectual se demuestra lo sensual, como por la teoría (se demuestra) la práctica secreta» (oculta o desconocida). Los cuatro caminos epistemológicos se pueden equiparar respectivamente a un método fenomenológico (que describe evidencias sin echar mano de silogismos: Llull advierte no obstante que lo sensible tiene siempre un «significado»); a una argumentación abstracta intuitiva (remontándose desde lo sensible a sus causas inteligibles); a otra argumentación abstracta deductiva (donde los silogismos comparan abstracciones: podría llamarse modo lógico-matemático); y a un modo «místico», que apenas deja apuntado.

Retoma Llull la explicación de la lógica, definiendo dos modos de «búsqueda»: por diversidad (contraponer mayor y menor) y por contrariedad (contraponer una cosa y su contraria), que considera mejor. Un ejemplo de este método es la demostración de la eternidad de Dios que propone (v. 1036-1045): si Dios no fuera eterno, habría tenido comienzo, pero entonces dos contrarios, ser (Dios es el ser) y no ser (lo que comienza antes no era), coincidirían en una misma cosa.

Sin solución de continuidad explica Llull qué es primera y segunda intención (por ejemplo querer ser de Dios, la primera; y querer algo con lo que se honra a Dios, la segunda o «instrumental»). Por último explica las tres figuras del silogismo, los diez predicamentos y sus divisiones lógicas. Al final escribe Llull (vv. 1606-1607) que «de lógica he hablado muy brevemente, porque tengo que hablar de Dios», declaración de intenciones con la que de hecho había comenzado el tratado (vv. 1-2): «Para hacerte honor, Dios, trataré brevemente sobre lógica».

El recurso a la lógica puede resultar chocante si pensamos que Llull pretende usarla para *demostrar la existencia de Dios*. En realidad, lo que busca Llull es la exactitud y coherencia para hablar de las *propiedades* de Dios: de un ser cuya existencia ya conocemos. Aristóteles inducía de la existencia de los seres con sus perfecciones —en el extremo opuesto a la comprensión de una «materia prima» que por ser pura potencia no puede existir— la existencia de un acto puro, cuyas perfecciones no están limitadas por potencia alguna. Esta sería la única sustancia no susceptible de cambios. Como pura actividad carente de pasividad pero también de cambio, el Dios aristotélico es un motor inmóvil, ser necesariamente reclamado por la estructura de la naturaleza, pero del que al mismo tiempo no puede existir experiencia directa (evidencia) por ser inmaterial.

La escolástica medieval elaborará una demostración de la existencia de Dios basada en la limitación de los seres que son «movidos por otros»: una cadena de seres «innecesarios» no puede ser infinita, porque todos esos seres son compuestos de potencia y acto, y en cambio la infinidad es una perfección sin límite: sería por tanto un absurdo una cadena al mismo tiempo limitada (por serlo todos sus componentes) e ilimitada.

Durante la época «de estudios» de Llull, Santo Tomás de Aquino había completado sus cinco vías para la demostración de la existencia de Dios siguiendo este segundo camino epistemológico (inductivo), que vendría a ser clásico. Toda perfección se resume en el acto de ser (*acto de todo acto*), y la existencia de un ser ilimitado, aunque no sea evidente, es requisito para que puedan existir los seres sin caer en el absurdo de una cadena ilimitada (cuyo ser o perfección serían ilimitados) de seres contingentes (cuyo ser está limitado por la esencia). Por eso afirma Tomás de Aquino que el motor inmóvil aristotélico es «el mismo Ser Subsistente» (*Ipsum Esse Subsistens*): es acto puro y el único ser cuya esencia coincide con el acto de ser.

Llull no trata de demostrar la existencia de Dios a partir de los seres, sino la eternidad de Dios a partir de su existencia. Su camino es inverso a las vías que por esa misma época elaboraba Santo Tomás. Pero no opuesto. En uno y otro caso se trata de comprender la no limitación del ser. En las vías, comprender que no habría seres contingentes sin un ser ilimitado, es el final de la demostración. Llull parte de la existencia de ese ser perfecto para deducir una de sus cualidades: la eternidad. Lo importante aquí no es la observación (de los seres y sus cualidades para inducir las de Dios), sino la lógica. Pero, al igual que inducimos a partir de realidades, deducimos porque la lógica *es* la estructura del ser en cuanto cognoscible. Lo contrario del ser es falso por imposible, y la lógica luliana llevará esa oposición al extremo para conocer al máximo las verdades del ser.

El *Libre de contemplació*, segunda obra de Llull, ha sido calificado por Tomàs Carreras i Artau como «libro primigenio de confesiones trascendentales» que muestra el «genio potente e intrépido, pero indisciplinado» de su autor, «primera de las obras enciclopédicas y al mismo tiempo obra cabal de la mística luliana», «alfa y omega del pensamiento» de Llull, donde alternan los procedimientos místicos y los racionales, con un manejo indistinto de la lógica del silogismo y de la de la analogía.

Redactado como oración en 366 capítulos (uno para cada día del año), el *Libre de contemplació* trata de moral, política y sociología, como vimos al hablar de peregrinos y juglares. Para M. Obrador y Bennassar, esta obra es «germen y sinopsis» de toda la producción de Llull, y su segundo volumen (capítulos 103 al 148), un «cosmorama social y político» donde el autor critica la sociedad e incluso la creación. Pone en guardia frente a vegetales, animales y aves (c. 107-109) para examinar después a los hombres: clérigos tratados con veneración (c. 110); reyes y príncipes, incluidos aquellos a quienes él había servido (c. 111); caballeros, peregrinos, jueces, abogados y testigos (c. 112-114), médicos, mercaderes, marinos y juglares (c. 115-118). Más como víctimas que culpables presenta a pastores, pintores, labradores y maestros de oficios (c. 119-122). Llull describe las virtudes y vicios de la sociedad humana en su historia (cc. 125 a 146) recurriendo a veces a oposiciones (descanso-trabajo, pesar-placer, diligencia-pereza, deseo-añoranza, ardor-ímpetu, vergüenza, vanagloria, orgullo, lujuria, ira, gula, pavor) y los confronta (cc. 147-148) con el plan divino.

El *Libre de contemplació* está, de forma más marcada, al servicio del ideal surgido diez años atrás: «Este Libro de contemplación es un arte por la que el hombre se enamore de vos, por ello se prolonga en tantos capítulos y tantas razones nuevas y diversas, de forma que una vez contemplados, cuanto más la memoria y el entendimiento se concentran en este libro, tanto mejor se consigue arte y manera por la que la voluntad se enamore de vos» (c. 82). La palabra «arte» puede dar lugar a confusiones, ya que más tarde la utilizará Llull de forma determinada («el» arte y no «un» arte) para designar su método.

Autores como Gayà dividen en cuatro etapas el Arte luliana, siendo *Libre de contemplació* la primera, «preparatoria, de búsqueda», donde analiza la realidad a partir de cuatro causas, al igual que en la siguiente etapa, llamada *cuaternaria*. Los cuatro elementos (*occassions*: frío, calor, humedad, sequedad) «demuestran y significan» el ser excelente de Dios, sin el cual ninguno de ellos «podría ser en ser» (c. 176). No obstante, ya en *Libre de contemplació* se complementa esta explicación con la (propia de la *etapa ternaria*) basada en «los tres principios, que son materia, forma y privación» (c. 174). La cuarta etapa, titulada *post-arte*, encuadra las obras posteriores a la última versión escrita del Arte, pero lógicamente no constituye una etapa del Arte como tal.

En opinión de Carreras, el *Libre de contemplació* incluye tres doctrinas centrales que «constituyen el soporte teológico-metafísico-moral del sistema luliano»: la doctrina de las perfecciones o atributos divinos, llamados aquí «virtudes en Dios», y que más tarde constituirán las «dignidades divinas»; la doctrina de la primera y segunda intención, eje de la ética luliana, que ya vimos enunciada en la *Lógica*; y la demostrabilidad de los dogmas de la fe católica, en particular los de la Trinidad y la Encarnación.

Llull expone una psicología que a los cinco sentidos externos aristotélicos añade un sexto sentido, la «potencia del habla» (*affatus*), que manifiesta al exterior la disposición interior del animal y del hombre. Esta psicología se completa con la doctrina agustiniana sobre las tres potencias del alma (memoria, entendimiento y voluntad), y con cinco «sentidos intelectuales o espirituales» que sirven a las tres potencias: cogitación, apercibimiento, conciencia, sutileza y «coraje o fervor». Por medio de estas potencias y sentidos, y por los caminos y escalas místicas descritos en el libro, puede el alma llegar a la unión con Dios. El *affatus* juega un papel importante para posibilitar la fe o creencia en cuanto aceptación de la verificabilidad de un enunciado, que junto con la razón es instrumento para el conocimiento.

El conocimiento consiste para Llull en descubrir la significación de las cosas, y tiene dos ejes fundamentales, representados metafóricamente por él con los ejemplos de una ascensión y del reflejo en un espejo. Estos ejemplos se corresponden con la diversidad (a partir de la cual hay que ascender) y la unidad (que se refleja en los seres) que encuentra en el universo. Como vimos en la *Lógica*, lo real puede ser sensual o espiritual. Llull no separa lo uno de lo otro, ya que para ascender, el entendimiento debe estar «en concordancia» con la realidad sensible (c. 162). También aquí habla de los cuatro caminos de conocimiento, reservando el cuarto para la realidad de Dios y su acción (c. 169), y distinguiendo en el tercero el paso de lo particular a lo universal en los seres materiales y el estudio de almas y ángeles.

La significación permite relacionar, mediante la reflexión, el ser concreto y su naturaleza con el resto de la realidad: en la significación del ser concreto se descubren los principios universales, y a Dios como causa primera y realización máxima de esos principios. Para lograrlo, los sentidos inferiores (externos) son ayudados por los sentidos intelectuales en lo que Llull llama «puntos trascendentes», donde alcanzan su límite: al superarlo mediante un «exceso», las potencias inferiores son perfeccionadas y se accede al conocimiento de la significación y de los principios universales.

Llull presenta en el *Libre de contemplació* letras, árboles y figuras geométricas como recursos gráficos —a los que denomina «figuras»— para representar los conceptos estudiados. Así la bondad, el poder, la unidad de Dios, su encarnación, etc., son representados por letras (B significa bondad, C el poder, E la unidad de Dios, etc.), aunque no de forma unívoca por el momento. Son ayudas sensibles para el entendimiento, que de por sí sólo imperfectamente puede alcanzar los principios universales que superan su capacidad: logra una comprensión que no agota la «significación» de esos conceptos, pero permite razonar sobre su relación necesaria con el significado de los objetos que la razón puede conocer.

Llull afirma tomar de Aristóteles el recurso a las letras. Las figuras geométricas eran corrientes en el mundo medieval para referirse a los cuatro elementos. Para Gayà, Llull podría haberse inspirado además en los círculos para ayudar la contemplación diseñados por Garnier de Rochefort (muerto en 1225).

Llull pudo ser en este punto original o copiar ejemplos semejantes existentes en la literatura musulmana.

Además de ayudas sensibles, en este proceso existe una ayuda superior, procedente esta vez no de otra potencia, sino de Dios, que «desciende» y permite al entendimiento conocer en un «arrebato místico» la significación de las razones divinas ya antes comprendidas como lo más inteligible y amable. Si no se produce este «exceso» es por falta de preparación del hombre, pues Dios respeta la voluntad humana.

La reflexión sobre Dios es lógicamente clave en el *Libre de contemplació*, de acuerdo con el impulso que llevó a Llull a estudiar y escribir. La importancia que da a la «significación» y a los conceptos lógicos recuerda a la poesía, donde el trovador busca las palabras que mejor puedan condensar —también mediante figuras, comparaciones y ejemplos— en términos abstractos la belleza y demás virtudes de un individuo concreto. Y al igual que el trovador no contempla sólo las características «abstractas» del objeto de su cantar, sino la mejor forma de presentarlas, podemos preguntarnos hasta qué punto el tema y forma adoptados por Llull se adecuaba al público al que quería destinarlos: el mundo musulmán.

Por lo que hace a la forma, el esfuerzo realizado por Llull para aprender árabe y poder expresarse por escrito en esta lengua es extraordinario. La lengua era uno de los pocos puntos de unidad entre los países islámicos. El califato abásida de Bagdad había sido recluido desde 1258 a Egipto; la nueva fuerza emergente frente a Bizancio en Asia Menor y a los cruzados en Palestina eran los turcos, musulmanes no arabizados, que no habían desarrollado ciencia y cultura comparables a las de sus correligionarios árabes o de los cristianos. Tras las Navas de Tolosa, en Al-Ándalus habían caído Córdoba y Sevilla en manos de los cristianos: Granada —políticamente vasalla de los cristianos— era la última sombra del esplendor del Islam español.

Más grave que la crisis política y militar era, si cabe, la crisis intelectual del mundo islámico a lo largo del siglo XIII: anticipándose en un siglo a los cristianos, se había desatado una polémica entre fe y ciencia, que vimos esquematizada en el enfrentamiento entre Algazel y Averroes.

Pocos textos pueden ser tan sintomáticos de este conflicto —e interesantes desde el punto de vista de Llull— como la *Epístola de Hayy ibn Yaqzan*, del filósofo granadino Abentofail (Abu Bekr ibn al-Tofayl, también llamado Abubacer y al-Tofeil), protector de Averroes, que describe la vida de un ermitaño recluido en una isla, donde alcanza el conocimiento de las más altas esencias divinas de forma natural, para después encontrarse con un musulmán, cuyas doctrinas acepta y al que, por su parte, ilustra en los secretos de la mística. No es pues casual que Llull empleara como instrumento la lógica aristotélica, aceptada tanto por los defensores de la religión que seguían a Algazel como, si cabe con más entusiasmo, por los científicos musulmanes.

En el prólogo a esta obra que será traducida al latín (en 1671) como *El filósofo autodidacto*, afirma Abentofail que lo que le movió a escribir fue la petición que alguien le hizo de que le enseñara los «misterios de la Sabiduría iluminativa» y «secretos» de que habló Avicena: la sola pregunta produce en el autor «la visión intuitiva de un estado» místico o éxtasis indescriptible y de existencia indemostrable, sobre el que Algazel —que lo experimentó— había dicho: «cree tú que es un bien y no pidas de él noticias». El médico personal del califa Yusuf I —sucedido en el cargo por Averroes, a quien Yusuf II desterraría— guarda la ropa al declararse discípulo de Algazel y reservar para la fe las verdades más «secretas», pero se lanza después a nadar al presentar a un personaje que alcanza esas verdades sin ayuda de revelación ninguna.

Ignorando estas posturas moderadas, la religión islámica se separará de la razón y se impondrá como punto de partida a los filósofos. No habrá quien se aventure más allá de lo hecho por Averroes, para reclamar una ciencia independiente, y los estudios místicos quedarán revestidos de un halo de irracionalidad o secreto. Los científicos esquivarán la filosofía, para dedicarse a materias donde la posibilidad de llegar a conclusiones religiosamente heterodoxas sea menor.

Con todo, aún en pleno siglo XIV, el filósofo-historiador-sociólogo Ibn Haldun (Abenjaldún, 1332-1406), nacido en Túnez en el seno de una familia árabe sevillana, se atreverá a definir la metafísica como «ciencia que observa al Ser Supremo (*al-wugud al-mutlaq*) que comprende todo lo que los seres tienen de común, tanto material como espiritual, es decir: la esencia, la unidad, la multiplicidad, el Ser Necesario, los seres posibles, etc.; examina igualmente los elementos de todos los seres de carácter espiritual, así como los seres que se derivan de esos elementos y cosas, y de cómo llegan a ser; estudia, además, la situación en que se encuentra el alma cuando se separa del cuerpo y se dirige a su destino».

Llull acepta esta concepción en *Libre de contemplació* para establecer un consenso que sirva como fuente de diálogo con los musulmanes (c. 187). Pero rechaza un discurso en que la fe domine al entendimiento sin dejar espacio a la razón: frente a un fundamentalismo fideísta no caben argumentos racionales. Su público son los «ilustrados» musulmanes, que emplean la razón para contemplar realidades que están por encima de la naturaleza sin recurrir a la fe: la teología natural es un punto de partida, pero Llull no quiere quedarse ahí. Necesita que la razón acepte ser informada sobre las verdades conocidas por la fe, y medite sobre ellas basándose en lo que ya ha conocido de forma natural.

La primera tarea es, pues, establecer las verdades que pueden ser admitidas por todos los interlocutores (cc. 238-244). No necesita Llull demostrar la existencia de Dios, pero sí reflexionará sobre su unicidad, con lo que introduce el estudio (o «demostración») del significado del primero de los dogmas de la fe católica. Las virtudes divinas que se aceptan como punto de partida (omnipotencia, eternidad, bondad, grandeza, etc.) sirven para verificar, por contraste, cualquier verdad. Si alguna afirmación significa o implica la negación o un significado defectuoso de alguna de estas virtudes, la afirmación será necesariamente falsa. Una vez verificado un enunciado, sirve a su vez de criterio para contrastar con él otros que se quieran verificar.

Algunos autores consideran los argumentos de Llull como de «mera conveniencia». Hay que tener en cuenta que Llull parte de que las perfecciones existen realmente en Dios en grado infinito. De esta forma, si un acto es conforme con el significado de la bondad, belleza, omnipotencia o eternidad divina, la conclusión de Llull no es sólo que tal propiedad no es absurda o contradictoria, sino que de hecho es real. El silogismo que plantea Llull es: Dios actúa siempre de forma excelente; tal propiedad o acto se corresponde con la omnipotencia, bondad etc., divina; luego Dios tiene esa propiedad o realiza tal acto. La conclusión es cierta, el problema está en demostrar el término medio: que tal o cual propiedad o acto se corresponda *necesariamente* con el *significado* de una perfección infinita.

Nueve son las virtudes divinas que Llull propone a la consideración: bondad, grandeza, eternidad, poder, sabiduría, voluntad, virtud, verdad, y gloria (fin o perfección). Cada una de ellas se identifica con Dios mismo, «ser necesario» que es «bueno en bondad, grande en grandeza, eterno en eternidad, (…) y perfecto en perfección», y que existe «formalmente» por medio de esas razones y «finalmente» por los respectivos actos de las mismas: optimización (acto propio de la bondad), engrandecimiento (por la grandeza), eterna transmisión del poder, entendimiento, querer, verificación virtuosa (la acción de dos virtudes se une aquí, al igual que con el «eterno fortalecimiento»), glorificación y perfeccionamiento.

El proceso de identificación entre las virtudes no es una abstracción lógica separada de la realidad: «tus razones realmente existen en ti, y cada una es realmente idéntica a las otras, como tu bondad es tu misma grandeza (...), de modo que tu bondad no es buena por mero accidente ni tu grandeza buena por accidente, sino que cada una es buena y grande por sí y lo mismo con el resto. Por tanto, cada acto de tus dignidades o razones es idéntico a los otros esencial, natural y substancialmente, como tu acto de optimizar, que es idéntico a tus actos de magnificencia, eternidad, etcétera».

Llull comienza a combinar (usando la lógica) dignidades y actos para negar sus contrarios: la grandeza es la razón para los actos de magnificencia, sin que quede en Dios espacio para disminución alguna; la bondad es razón para el acto de optimización, de modo que no queda lugar para acción errónea (o maldad); la eternidad es razón del eterno actuar, de modo que Dios nunca deja de optimizar, magnificar infinitamente, dar poder, etc. La «producción interna» de Dios queda más allá de nuestro alcance intelectual y es digna de ser amada con todo el poder de nuestra voluntad: Llull no pretende *comprehender* la esencia divina, ya que la necesidad de distinguir las dignidades y de usar la lógica es consecuencia de la imperfección de la mente humana, que no puede captarlas tal como son en sí, esto es, en Dios.

Conforme a la tradición filosófica cristiana, Llull entiende la «producción» divina como acción interna (*ab intra*) necesaria, distinta de la creación (*ad extra*) libre: «la bondad es para ti razón para producir gran bien desde ti mismo, de modo que te entiendes a ti mismo como bueno que eres. Y cuando te consideras como infinitamente grande, tu infinidad es para ti razón para producir un bien infinitamente grande. Y lo mismo se dice de tu eternidad y de tus otras razones. Y así, oh Dios todopoderoso, tienes en ti mismo todo cuanto quieres y todo cuanto entiendes, y no necesitas nada aparte de ti mismo».

Llull distingue las virtudes «según Dios» de lo que de ellas puede afirmar el hombre partiendo del conocimiento de la realidad. Para afirmar algo de Dios hay que aplicar el procedimiento de afirmación (de lo positivo) y negación (de lo limitado): «Cuando nosotros entendemos, Señor, que las virtudes se dan en dos formas, una cuando las pensamos según Vos mismo, la otra cuando las pensamos en relación y en consideración de las criaturas, entonces el entendimiento se encuentra en la dirección correcta y entiende como corresponde. Sin embargo, la palabra se queda corta y no alcanza a plasmar el significado verdadero. Por eso, nosotros, atendiendo a esta incapacidad de la palabra, negamos el significado falso que ella conlleva, y asentimos el pensamiento correcto que la palabra significa» (c. 178).

Las razones divinas son causa de las correspondientes razones «naturales» presentes en la criatura humana que puede «impulsarse a sí mismo con todas mis razones y ponerme en relación contigo y ascender hasta ti contemplando tus razones por medio de la alabanza, la adoración y la glorificación de las mismas». De esa forma, la criatura cumple el fin para el que ha sido creada. En todo caso la voluntad divina se ha de cumplir, de modo que el autor concluye: «haz conmigo, Señor, como te plazca, pues todo lo que haces es bueno».

Catorce son los artículos de la fe cristiana cuya conveniencia con las virtudes divinas quiere contrastar Llull: siete corresponden «a la divinidad» (Dios es uno, Padre, Hijo, Espíritu Santo, creador, salvador y dador de gloria), y siete a la «humanidad» (de Jesucristo: su concepción, el nacimiento de la Virgen María, su crucifixión, descenso a los infiernos, subida a los cielos y su regreso para juzgar a vivos y muertos). Los dos bloques separan los dos principales puntos de la fe cristiana que los musulmanes no admiten: que Dios sea Uno y Trino, y que Jesucristo sea Dios y Hombre.

Cuando Dios se entiende a sí mismo con sus dignidades, dice Llull, el sujeto de esa acción interna no puede ser otro que Dios, y en este sentido, en cuanto origen de su propio acto de entender su bondad etc., es Dios Padre. La acción tiene un objeto, lo entendido, que es la sustancia de Dios (pues conoce algo de sí mismo, y en Dios no puede haber accidentes), y en este sentido es Dios Hijo. Dios Padre ama la bondad eterna que hay en el Hijo; el Hijo igualmente ama al Padre «porque le produce (al Hijo) con amor». El amor entre ambos no puede ser un accidente, sino de nuevo la sustancia misma de Dios: «conviene en un número (nombre, individuo) personal» que tiene las mismas perfecciones que Padre e Hijo: el amor es así sustancial y permanentemente idéntico en esencia y naturaleza al Padre y al Hijo, unidos «en un principio de espiración para espirar un Espíritu santo espirado al que llamamos Espíritu Santo».

Resumiendo su explicación de la Trinidad, Llull dice que «en razón de la perfección de tus dignidades o razones, en ti, Señor Dios, tiene que haber un principio que inicia sin ser iniciado, es decir el

Padre; y otro principio que inicia y es iniciado, es decir el Hijo; y otro principio, el Espíritu Santo, que es iniciado pero no inicia; ya que sin esas partes necesarias, tu principio intrínseco no podría ser perfecto». El Espíritu Santo es «la contemplación» del Padre y el Hijo, y el término donde el número de la divina producción es perfectamente completo».

La explicación no se ciñe tanto al esquema psicológico agustiniano (el Padre engendra al Hijo por vía de conocimiento, Padre e Hijo engendran al Espíritu Santo por vía de amor), como a las posibilidades combinatorias en torno a la virtud de «producir» o «iniciar»: no ser iniciado e iniciar, ser iniciado e iniciar, ser iniciado y no iniciar. La única posibilidad excluida (por contraria con las virtudes divinas) sería la de un Dios «solitario», que careciera de actividad en sí o hacia el exterior (no iniciado y que no inicia).

Igualmente contempla Llull el misterio de la Encarnación, volviendo a las razones divinas como causa de la creación: a semejanza de ellas existe bondad, grandeza, etc., en lo creado. Para que estas dignidades se manifestaran del mayor modo, el mundo «debería ser creado con un solo fin en el cual vinieran a quedarse tus razones santísimas, y este fin tiene que ser un sujeto en el que tus razones omnipotentes sean reguladas, ordenadas y condicionadas». Sólo la Encarnación divina permitiría mostrar plenamente la semejanza de las razones divinas en lo creado: lo cual no es óbice para que Dios se haya encarnado «libre y graciosamente».

En Cristo hay dos naturalezas, divina y humana, estando la «humanidad sostenida en la divinidad»: la bondad creada está sostenida por la increada, y de esa forma «en ti la unión de tu divinidad y de tu humanidad es admirable por encima de todo cuanto podamos concebir». Sin emplear la palabra *persona*, Llull resalta la unidad en el Hijo: «como tú eres humano en Dios Hijo, así es Dios Hijo humano en tu humanidad». En Jesucristo, Dios y Hombre, encuentran su fin todas las criaturas visibles, «porque tú en cuanto humano eres el propósito y fin último»; y también las que tienen en común con el alma de Cristo la naturaleza espiritual: los ángeles y las almas bienaventuradas «llegan a descansar por medio de su naturaleza espiritual en tu divinidad, a la que está unida tu alma».

Al referirse a la creación, salvación y glorificación de los hombres, Llull tendrá que dejar a salvo la libertad de Dios, pues si bien sería imperfección que no se conociera y amara a sí mismo, no puede verse obligado por alguien externo a sí para obrar. El mallorquín reafirma esta libertad en el caso de la Encarnación, si bien no condiciona su conveniencia —que se convierte en necesidad de ser al cuadrar con el significado de las razones necesarias— al pecado humano: en cuanto mejor modo de plasmar las virtudes divinas en la creación, no se derivaría de la decisión divina de salvar al hombre después del pecado, sino de la de crearlo. Llull admite que la necesidad de los argumentos no es fácil de ver para los misterios de la Trinidad y la Encarnación: requieren «cierto conocimiento infuso y adquirido», hasta el punto de ser objeto único de «los actos esenciales de conocimiento y de amor» propios del «arrebato» místico.

No faltan en *Libre de contemplació* referencias a la necesidad de predicar a los musulmanes para convertirlos (c. 278-279), la conveniencia de tomar si hiciera falta la espada, como le parece ser el caso de las cruzadas, siempre subordinando este fin al de la predicación (c. 287-317), o el deseo del martirio frente a la apatía e indiferencia de muchos cristianos (c. 343-346). Nos encontramos ante una obra enciclopédica que en su versión romance marca al mismo tiempo uno de los puntos de arranque y una cumbre de la literatura catalana. En cuanto obra enciclopédica, puede verse cierta analogía entre este libro y el *Llibre del tresor* escrito (en francés) en 1270 por el florentino Brunetto Latini (hacia 1220-1293).

Llull dice que la versión romance de su libro es traducción ampliada de un original árabe. Tras casi una década de estudios, el resultado no fue totalmente satisfactorio: no había servido para convertir a su maestro de árabe, suponiendo que lo pretendiera. Ramon Llull había explorado a fondo el tema de su composición, podría decirse que tenía la letra para un nuevo cantar trovadoresco, pero aún no había logrado darle forma poética: faltaba la rima adecuada o el ritmo musical con el que su mensaje pudiera superar la incomprensión o animadversión del público. *Libre de contemplació* no va tanto dirigido a los infieles como al autor mismo: son reflexiones que quedan entre Llull y Dios. No es un fracaso, sino un fundamento: las primeras piedras del edificio, que no se verán desde fuera. La predicación presupone la contemplación, y Llull se preocupa por asimilar a fondo la fe que quiere divulgar. Sus años de estudio fueron fructíferos, aunque no dieran lugar a una actividad exterior.

LA «ILUSTRACIÓN»
DE RANDA: EL *ARTE*

El infante Jaime (II como rey de Mallorca, sólo nominalmente hasta 1276) residía en Montpellier, ciudad a la que podría haber viajado en alguna ocasión el propio Llull durante sus «años de estudio». Allí lo encontramos en 1274, llamado por Jaime para que le acompañe al concilio de Lyon. El reencuentro con su antiguo señor coincide con la redacción de las primeras obras en las que expone un sistema al que llama *Arte*, y con el primer intento de poner por obra la tercera parte del propósito que se había marcado en el momento de su «conversión»: la de fundar «diversos monasterios» donde se aprendieran las lenguas de los infieles.

La *Vita coetanea* no narra este reencuentro, sino que inmediatamente tras la muerte del maestro de árabe relata un episodio sucedido en lo alto de la montaña llamada Randa, que «no estaba muy lejos de su casa» mallorquina. El nombre del monte no aparece en el original latino —cuyas citas tomo—, sino en la traducción vernácula, escrita por un mallorquín. Allí subió Llull «por motivo de contemplación» y después de ocho días, «teniendo los ojos vueltos al cielo», súbitamente «el Señor ilustró su mente, proporcionándole la forma y el modo de hacer el libro contra los errores de los infieles». Llorando de alegría y sin poder contenerse, Llull marchó al monasterio de La Real y «ordenó un libro, al que llamó Arte Mayor y después Arte General» (*Vita coetanea*, 14).

Al acabar el libro «en la susodicha abadía», Llull volvió al monte «donde el Señor le había mostrado el modo del Arte», hizo edificar una ermita en dicho lugar y allí pasó más de cuatro meses, suplicando a Dios día y noche que aquel *Arte* «fuera para su honra y para provecho de la santa fe católica». Las tradiciones mallorquinas concretan como lugar de la *ilustración* Llucmajor. Una mañana, vio a un joven pastor de ovejas «con cara muy alegre y divertida», que en una sola hora le habló «tan singularmente de la esencia divina y del cielo, y particularmente de la naturaleza angelical, como un gran hombre de ciencia podría haberlo explicado en dos días».

Al ver los libros que Llull había «ordenado», el pastor dijo en medio de lágrimas que «por aquellos libros vendrían muchos bienes a la Iglesia de Dios», lo bendijo «con muchas bendiciones, como si fueran proféticas, marcando la cabeza y todo el cuerpo de él con señales de la santa cruz» y se marchó, quedando Llull «maravillado al considerar todo esto, porque no le parecía haber visto nunca a dicho pastor ni haber oído hablar de él» (*Vita coetanea*, 11-15). El plural referido a los libros puede referirse a los dos anteriores a la *ilustración* y los dos primeros posteriores.

Los principales escritos de Llull en torno a 1274 (año en que murieron el dominico Santo Tomás de Aquino, de camino al concilio de Lyon, y San Buenaventura, franciscano, durante la celebración del mismo) son el *Ars compendiosa inveniendi veritatem*, el *Ars Universalis* y el *Libre del gentil e dels tres savis*. El primero es un esquema del *Arte* desarrollada en el segundo y aplicada a cuestiones concretas en el tercero. Otras 13 obras clasificables como consecuencias de la *ilustración* de Randa fueron escritas en ese mismo año o los inmediatamente posteriores: *Ars notatoria, Libre de demostracions, Liber principiorum theologiae, Liber principiorum philosophiae, Liber principiorum juris, Liber principiorum medicinae, Artificium electionis personarum, Liber de Spiritu Sancto, Oracions e contemplacions de l'enteniment, Libre dels àngels, De arte retentiva, Libre de definicions* (estas dos perdidas) y *Doctrina pueril*.

Impulsado tras las *visiones* de 1263, lo que Llull hizo fue estudiar y redactar argumentos apropiados al fin que se propuso. Aparentemente, fue *de visión en visión*, entre las que le movieron a dedicarse a la vida intelectual y la que le descubrió el «orden» de su «Arte». No obstante, salvo estos dos fenómenos que le parecen innegables —el primero, múltiple, puntual el segundo—, Llull evita interpretar en clave sobrenatural los sucesos: del pastor de Randa dice que nunca lo había visto. Interpretar la *ilustración* de Randa como una «autosugestión» (Batllori), si bien permite esquivar lo *sobrenatural*, es aventurado, pues una persona propensa a la autosugestión habría concluido que el pastor de Randa era por lo menos un ángel.

Lo que Llull afirma haber recibido en Randa es el «orden y forma de hacer» su libro, pero no el contenido de tal o cual libro. El «Arte» es un orden para proceder en las argumentaciones: una lógica, un ritmo o artificio; en definitiva, lo que durante sus años de estudio buscaba como instrumento para la conversión de los «infieles». Si, ignorando el modo como él mismo lo describe (*forma y modo*), creyéramos que el *Arte* consiste en una ciencia o en contenidos concretos, resultaría extraño cuando no hipócrita que Llull —que lo buscó durante más de una década y acababa de hallarlo *súbitamente*— se admirara de ver al pastor de Randa relatar en una hora *contenidos* que un sabio podría haber explicado en *sólo* dos días.

Aunque hay ocasiones en que Llull parece afirmar haber recibido en Randa una revelación (e incluso un libro revelado), cuando lo explica con más detalle aclara que se refiere a una donación de ciencia infusa: hacia 1283 (*Ars inveniendi particularia in universalibus*), afirmará que incluso durante el sueño, el contemplativo «recibe una copiosa infusión de esta ciencia y de todas las demás ciencias». En *Ars infusa* (hacia 1313) escribe: «Comienza el Arte o ciencia general, para alcanzar el conocimiento cierto de Dios y de todas las cosas creadas, infusa por la gracia del Espíritu santo». No se trata de contenidos conceptuales sino, en todo caso, de lo que la tradición cristiana llama dones del Espíritu Santo (particularmente de los de sabiduría y ciencia, para comprender lo relativo a Dios y al mundo).

Una revelación es, en la tradición cristiana, una noticia (un *contenido*) recibida directamente de Dios y que hace referencia a Él (o a verdades necesarias para la salvación) de forma infalible: está vinculada a la ciencia divina tal como existe en Dios mismo. Este tipo de revelación («pública») comenzada con los patriarcas y profetas, habría alcanzado su culmen con Jesucristo, continuándose en los apóstoles, hasta la muerte del último de ellos. A partir de entonces la verdad revelada se conserva e interpreta en la tradición de la Iglesia, y cualquier revelación posterior se denomina «privada», ya que su fin es comprender mejor el contenido de la revelación pública, sin que quede «pendiente» de revelar ninguna verdad fundamental (*Catecismo de la Iglesia Católica*, n. 67).

Llull afirma haber recibido una gracia para comprender determinadas verdades (pero no estas verdades en cuanto *contenido*), anteriormente reveladas o incluso de orden natural. Esto constituye un *problema* semejante al de las *visiones*, puesto que admitir la posibilidad de la gracia exige admitir la existencia de Dios. Empero, este presunto origen sobrenatural no condiciona la coherencia del *Arte*, que Llull presenta como instrumento para encontrar la verdad mediante la razón, al margen de la forma como él ha llegado a descubrirlo. Por lo demás, en la tradición cristiana, la gracia es sobrenatural pero no antinatural ni estrictamente extraordinaria, ya que Dios no niega su ayuda a quien la necesita. Así retoma Santo Tomás de Aquino (*Suma teológica*, I-II, 109) la sentencia de un autor del siglo IV: «toda verdad, la diga quien la diga, procede del Espíritu Santo» (Ambrosiaster, *In prima Cor*. 13,3).

Ars compendiosa inveniendi veritatem (o el arte luliana en general) no es un «compendio de verdades», una especie de enciclopedia o de intento de probar las verdades más importantes. Un arte para encontrar la verdad significa en el contexto de la filosofía medieval una regla para el correcto razonar, y no una ciencia oculta. Tomás de Aquino define la lógica como «el arte por el que se dirigen los actos de la razón para proceder en el conocimiento de la verdad ordenadamente, con facilidad y sin error» (*In I. Anal. Post.*, proemium). No es ni siquiera la lógica como ciencia especulativa que analiza la manera del pensar del hombre (estudiando sus elementos constitutivos: conceptos, frases o proposiciones y argumentaciones o silogismos), sino como conjunto de reglas para adiestrar el entendimiento humano en el proceso del conocimiento: una técnica (comparable si se quiere al álgebra o a la gramática), y no una epistemología (o teoría del conocimiento).

Al reclamar el título de *Ars* para su sistema, Llull recoge este sentido tradicional: «Arte, en sentido estricto, es el correcto proceso de ejecución y considera las acciones a cumplir y los objetos ejecutables, a fin de reglamentarlos y establecer o concretar el modo de operación correspondiente. De por sí, esta ciencia no formula ningún principio determinado, que pueda servir a la argumentación, sino que solamente enseña la vía para encontrar los principios comunes y los específicos de cualquier ciencia, una vez conocidos los términos de aquella ciencia cuyos principios se quiere encontrar». El objeto del *Arte* es «la búsqueda y consideración de los principios y de su disposición en orden a las conclusiones» (*Introductoria Artis demonstrativae*, fechable hacia 1283).

No enumera el Arte los contenidos de las ciencias, sino sus principios. Así la define en el prólogo de *Ars generalis ultima* (1307): «ciencia general para todas las ciencias, en razón de sus principios generales, en que se hallan contenidos e implícitos los principios de todas las demás ciencias particulares, como lo particular en lo universal». En caso de admitir que algo fue revelado a Llull en Randa, habría sido cómo las ciencias se hallan vinculadas entre sí de la misma manera en que lo están los seres; cómo conocer éstos con aquéllas.

Sea como fuere, Llull no se adjudica el mérito del *hallazgo*: «Trabajé durante mucho tiempo, investigando la verdad de una forma u otra, y por la gracia de Dios alcancé mi propósito y el conocimiento de la verdad, que tanto ansiaba conocer y que he plasmado en mis libros» (*Arbor scientiae*, 1295). Es más, en ocasiones el aprecio del Arte se acompaña del menosprecio de su autor aparente: «Confieso que yo, Ramon, soy un analfabeto, pero que con el Arte general redacté muchos libros, tal vez más de cien», escribirá en 1308 en *Liber de experientia realitatis Artis ipsius generalis* sin sobreestimar un punto su capacidad productiva, ya que ese libro hace el número 138 de los catalogados.

El proceso cognoscitivo se puede afrontar con (al menos) tres metodologías: una pedagógica, otra retórica y otra lógica. La primera es la que se emplea partiendo de los conocimientos ya adquiridos por la persona a la que se pretende «enseñar». Con el método persuasivo se trata de captar el asentimiento del receptor no tanto a partir de las verdades que ya conoce, sino apelando a sus sentimientos. Por último, el método lógico recurre a los elementos estrictamente racionales: al discurso espontáneo de la inteligencia, que es común a todos los hombres. Sin pretender *partir de cero*, el recurso a la lógica por parte de Llull tiene como fundamento el deseo de ponerse en un plano de igualdad con los destinatarios de su libro.

Llull sabía de sobra —no tenía ni que salir de su casa— que la fuerza de la espada no sirve como argumento a favor de la verdad religiosa. Sabía de sobra que una hermosa composición lírica puede exaltar la verdad, pero también disfrazar una mentira, halagar las pasiones y exaltar el odio. Que la discusión religiosa es asunto aún más delicado que el escribir poesía amorosa, y que la susceptibilidad o los prejuicios hacen aquí sospechar de cada palabra... El debate interreligioso corre el peligro de convertirse en un *diálogo de besugos* con más facilidad que aquello que los trovadores de su tierra llamaban *joc partit*, donde un trovador se comprometía a contradecir lo que decía el otro.

Llull quería despojarse de todo intento de imponer la verdad basándose en argumentos de autoridad (homilética) o en la belleza de la composición lírica (trovadoresca). En Randa encuentra un principio simplificador, no para abstraer de forma inductiva —es decir para obtener conceptos a partir de las realidades evidentes—, sino para manejar estos conceptos. Si se me permite la licencia, diría que ese principio se resume en que *a las ideas hay que darles vueltas*. Llull vio en Randa que el diálogo interreligioso exige no simplemente usar la razón, no simplemente *manejar* conceptos con lógica, sino *mano-*

104

searlos, frotar la razón con los conceptos más elevados, de modo que una mente que no estaba cerrada a las verdades sobrenaturales, llegue a comprenderlas a la luz de esos principios naturales.

Para llegar a las verdades más difíciles de comprender no basta con un solo intento. Éste es el sentido que en el lenguaje ordinario damos a la expresión *dar vueltas a las cosas*. Llull estaba por otra parte acostumbrado a *dar vueltas*, a contemplar en su pensamiento personas, cosas y situaciones, para trovar. En mi opinión, comprendió que si quería *trovar* (encontrar y ayudar a otros a encontrar) a Dios, no debía bombardear con argumentos al interlocutor, sino enseñarle a meditar ciertas verdades, pocas, de modo que, dándoles vueltas, le permitieran el *ascenso* a las verdades que Llull contempló en el *Libre de meditació*.

Lo que Llull vio en Randa pudo ser la necesidad de combinar entre sí las verdades, con la esperanza de que una combinación determinada permitiera a uno ver su conveniencia, mientras que otro las comprendería mejor con otra combinación distinta. Llull debió comprender (insisto en que trato de suplir con una imagen limitada el hueco que queda en su relato) que la búsqueda de la verdad exige un esfuerzo que hoy podríamos comparar al del deportista que quiere superar una marca, y para ello adiestra sus músculos repitiendo una y otra vez ejercicios similares. Más cercano a Llull sería el ejemplo de un caballero que se ejercita en la palestra, el de los niños repitiendo textos en la escuela hasta aprenderlos de memoria, o el tantas veces mencionado del poeta ensayando la composición de versos.

Llull quiere construir —siempre según mi interpretación— un *tiovivo* de verdades que, girando ante la mente de quien desea meditarlas, produzca el efecto de comprender la conexión coherente entre unas y otras. Para construir este *artificio*, debe elegir las verdades más puras, aquellas de las que nadie pueda sospechar que han sido adulteradas, manipuladas por una interpretación partidista. De otro modo, la presentación repetitiva de conceptos ambiguos sería percibida como una técnica publicitaria que pretendiera introducir en el entendimiento ajeno ideas *de contrabando*, sin pasar por el juicio de la razón. Para evitarlo, Llull busca las verdades comunes a cualquier religión.

La eternidad es la principal propiedad esencial de Dios en cuanto ser con todas las perfecciones. A partir de ella se demuestra el carácter infinito y esencial de las otras dignidades. De esta forma argumenta Llull en *Liber principiorum philosophiae* la conveniencia entre la eternidad existente y otras perfecciones: «Si no se dieran diferentes líneas, no podrían formarse los ángulos del triángulo, y sin las dignidades, no podrían coincidir simultáneamente, ser y eternidad. Ahora bien, es evidente que existe la eternidad, pues sin ella el ser, antes de existir, poseería una dignidad por la que existir. Lo cual resulta inconveniente. Así pues, si la eternidad existe, eternidad y ser deben hallarse ambos en concordancia a través de las dignidades, sin las que tendrían tan poco en común, como los ángulos y el triángulo si no hay líneas. Por tanto, dados el ser, la eternidad y las dignidades, es necesario que se encuentren en concordancia constituyendo una esencia eterna, que

106

sea digna de existir con anterioridad a todo aquello en que no se dan las dignidades».

Una vez definidas las dignidades, Llull propone manejarlas y recordarlas (*darles vueltas*) con una técnica de finalidad mnemotécnica (*recordar*) y de método combinatorio (*manejar*). Por eso llega a materializar estas verdades, imaginando árboles cuyas hojas contienen uno o varios conceptos, o fabricando artilugios que los combinan mediante círculos superpuestos. Al igual que el ábaco ayuda a contar, o el rosario a rezar, las figuras lulianas deben hacer más sencilla, incluso atractiva, la meditación de las verdades más difíciles pero al mismo tiempo más ricas. Me atrevería a decir que el genio lúdico del antiguo trovador llega a fabricar *juguetes* para hacer entretenido el trabajo intelectual más arduo. El carácter mnemotécnico del *Arte* queda de relieve cuando Llull explica (hacia 1283 en *Introductoria Artis demonstrativae*) que sirve para que «cuando uno duerme, vea girar los círculos y se sienta dispuesto a solucionar todas aquellas cuestiones que no podía resolver estando despierto».

La versión *cuaternaria* del Arte que encontramos en *Ars compendiosa inveniendi veritatem* y *Ars Universalis* (1274) tendrá validez hasta la redacción de *Ars demonstrativa* (1283). Como hemos visto, se caracteriza por aceptar la teoría de los cuatro elementos, investigando la naturaleza para encontrar en ella —a través de las dignidades— el significado de la causa primera. Y para materializar esos conceptos, manejarlos y recordarlos, introduce en *Ars compendiosa inveniendi veritatem* cinco figuras circulares sin explicación previa alguna. Designadas con las letras A, S, T, V, X, sirven para meditar, respectivamente, sobre Dios y sus virtudes, el alma racional y sus potencias, los principios y significados, las virtudes y los vicios, y los opuestos o la predestinación.

Hacia 1283 dará Llull en *Introductoria Artis demonstrativae* la siguiente definición: «una figura viene descrita por una o varias líneas y es ilustrada por un término o por un número concreto». Las figuras geométricas sirven «para que los sentidos capten la colocación y la disposición de las figuras, y así la imaginación sea el espejo en el que el entendimiento perciba las disposición de las figuras de los principios de esta Arte, así como su modo de proceder discursivo e investigativo» (*Ars inventiva veritatis*, hacia 1290). Lo que Llull denomina término es cada elemento que en las figuras significa un determinado concepto: puede ser una palabra o, en forma esquematizada, una letra (B para *bondad*, C para *grandeza*).

Cada término (letra o palabra) puede tener diferentes significados, según la figura a la que pertenezca: B es usada para significar, además de conceptos como *bondad*, *Dios*, *justicia* y *avaricia*, las reglas que Llull denomina de la *diferencia* y del *utrum* (si existe o no aquello sobre lo que se pregunta). Los términos —representados por sus letras— se combinan primeramente en lo que Llull denomina *cámaras*: «una cámara es una parte delimitada por una o varias líneas y que consta de uno o varios términos… Estas cámaras algunas veces son llamadas principios del Arte, otras términos, por constar de uno o varios términos, y otras veces se llaman flores» (*Ars generalis ultima*, hacia 1307).

La primera de las cinco figuras circulares (A), sirve para meditar sobre Dios, y la constituye un círculo cuyos rayos son las 16 virtudes divinas esenciales que quedan asignadas en 16 cámaras (B: bondad; C: grandeza o magnitud; D: eternidad; E: poder; F: sabiduría; G: voluntad; H: virtud; I: verdad; K: gloria; L: perfección; M: justicia; N: generosidad; O: misericordia o gracia; P: humildad; Q: dominio; R: paciencia). Esta figura sirve para meditar sobre Dios, por el procedimiento de girar dos círculos concéntricos, cada uno de los cuales lleva escritos los 16 términos (designados en uno de ellos por la letra y en otro por la palabra correspondiente).

Llull forma con las letras un conjunto de combinaciones (variaciones de elementos distintos entre sí). Las agrupaciones se diferencian así al menos en uno de sus elementos (la diferencia en el orden no es una nueva variación, si lo fuera hablaríamos de permutaciones, y no de combinaciones). Del conjunto de variaciones posibles ($16 \times 16 = 256$) hay que eliminar las 16 que contienen el mismo elemento (BB, CC...). De las 240 variaciones restantes, la mitad son permutaciones (CB = BC: esto se ve fácilmente en un gráfico, ya que los pares de permutaciones están colocados en posición simétrica respecto a la línea de las variaciones repetitivas). En definitiva, hay 120 cámaras con las combinaciones de estas 16 virtudes.

Dejo de lado las demás figuras para observar el *Libre del gentil e dels tres savis*, que ofrece una formulación del Arte donde las figuras son árboles y las cámaras hojas. En esta obra —de la que no está claro si existió un original árabe o el libro «arabich Del Gentil» mencionado como inspiración es de autor ajeno— expone Llull un diálogo interconfesional en cuatro libros, donde tres sabios —un judío, un cristiano y un musulmán— convencen a un pagano primero de la existencia de Dios y de la resurrección (libro primero), y pasan después, por turno de «antigüedad» de su religión, a tratar de probar que están en la verdad.

Desde el comienzo, Llull alude a su fin de buscar una nueva «manera» y nuevas razones con que enderezar a los «errados» a la gloria que no tiene fin, librándolos de infinitos trabajos. Para entretenernos en la ardua tarea intelectual, nos contará una historia: la de los sabios, que, antes de su encuentro con el pagano, hallaron a una doncella que abrevaba su corcel en una fuente rodeada por cinco árboles. La doncella era la «inteligencia», y los sabios le preguntaron por «la naturaleza y las propiedades» de los cinco árboles, así como por «el significado» de las letras escritas en cada una de sus flores.

Ella contestó que el primer árbol «significaba a Dios y a sus virtudes increadas esenciales»: siete combinadas por pares en 21 hojas; una reducción notable respecto a las 16 virtudes y 120 cámaras de la figura A. El segundo árbol tenía 49 flores, combinaciones de las siete virtudes del primer árbol y las siete virtudes «creadas» (fe, esperanza, caridad, justicia, prudencia, fortaleza y templanza) que dan la felicidad ($7 \times 7 = 49$). El tercer árbol tiene el mismo número de flores, que combinan las siete virtudes del primero, oponiéndolas a los siete vicios o pecados mortales que llevan al infierno (gula, lujuria, avaricia, melancolía, orgullo, envidia, cólera). El cuarto árbol tiene 21 flores, y es por tanto semejante al primero, pero aquí se contemplan las virtudes creadas. Las 49 flores del quinto árbol combinan las siete «virtudes creadas principales» enfrentándolas a los pecados mortales. Frente a las figuras geométricas del *Ars compendiosa*, los árboles del *Libre del gentil* dan un paso más, y es que no sólo indican sobre qué meditar, sino cómo: por eso explica la doncella que los árboles tienen propiedades («condiciones», *començaments*), reducibles al principio lógico más elemental (el de contradicción).

Todo el primer libro de esta obra está dedicado a convencer al gentil de la existencia de Dios (y de la resurrección): Llull ni siquiera identifica cuál de los tres sabios es el que argumenta, pues está convencido de que en este punto los argumentos de una u otra religión no pueden diferir. De hecho, antes de encontrarse con el gentil, uno de los sabios (también sin identificar) expresa el deseo de que por esos árboles «todos los hombres pudieran unirse en una liga y creencia, (...) siendo un solo pueblo», y propone a los otros sentarse bajo esos árboles para ver si, «puesto que no conseguían avenirse basándose en autoridades, trataran de poder convenir por razones demostrativas y necesarias».

Resumiré el primer intento de demostración de la existencia de Dios (meditando sobre bondad y grandeza) y tres argumentos a favor de la resurrección (combinando bondad y eternidad, grandeza y poder, eternidad y sabiduría) que saca el inidentificado sabio de las flores del primer árbol.

Bien y grandeza convienen en ser (*ab esser*: considerándolos como universales podríamos decir que ellos y el ser *convertuntur*), mientras que mal y poquedad, como contrarios a bien y grandeza, convienen con el no ser. Pero todas las cosas del mundo son finitas, y si Dios no fuera, no habría ninguna cosa infinita, todos los bienes serían finitos, con lo que ser infinito y no ser se convendrían. Lo cierto es que ser finito conviene con ser menor, y ser infinito con ser mayor. Puesto que el bien finito es menor y es a pesar de convenir con no ser, tanto más será el bien infinito: y éste es Dios.

El argumento de Llull me parece «reconducible» a una demostración «clásica» de la existencia de Dios que no es un argumento (*ontológico* en el clásico sentido *peyorativo*) de mera conveniencia, sino que parte de la existencia real de los seres. Éstos «convienen» (equivalen) al no ser desde el punto de vista lógico, si nos vemos en la disyuntiva de etiquetarlos o bien como finitos o bien como infinitos. Pero, desde el punto de vista metafísico, están delatando la existencia del Ser en cuanto realidad que en sí misma no contiene límite: de ahí que Llull diga que el ser finito *es*, a pesar de «convenir con no ser».

Observemos ahora los tres primeros argumentos sobre la resurrección. Bondad y eternidad coinciden en Dios; si no hubiera resurrección de los hombres, la bondad y eternidad de Dios no harían la mayor obra posible. Grandeza y poder convienen en la naturaleza, que sin embargo no tiene poder para hacer resucitar a lo que muere; si Dios no resucitara a los muertos, no demostraría tener más poder que la naturaleza. Eternidad y sabiduría convienen en Dios, que se sabe eternamente sabio en justicia; pero hay muchos hombres malos a los que Dios no castiga en esta vida, y viceversa, muchos hombres santos que no reciben galardón, por lo cual debe existir la resurrección en la que se haga justicia.

Muchos de los argumentos de Llull podrían reducirse al de que Dios actúa siempre de la mejor manera y por tanto ha creado (en expresión no luliana, pero que utilizarán filósofos posteriores que parcialmente se inspiraron en él, como Leibniz) «el mejor de los mundos posibles». Presupuesta (por evidente) la creación (libre), las demás características del actuar de Dios son necesarias sin mermar su libertad, incluso la redención —que sigue al pecado, no querido por Dios—, que Llull llama *recreación* (libro III, VI). Necesario es sólo en Dios el conocerse y amarse, pero su ser trinitario se refleja en las criaturas, que son «tres individuos en una sustancia», ya que todo cuerpo tiene tres dimensiones (libro III, IV). No faltan, pues, en Llull, errores terminológicos, y falta la alusión a la «huella psicológica» de la Trinidad que otros autores cristianos ven en la capacidad humana de entender y amar.

Llull (o el sabio cristiano que, hemos de suponer, habla en su nombre) desaprovecha ocasiones para desacreditar a las religiones hebraica y musulmana. Da por válidos los argumentos del sabio judío, y es el propio gentil quien replica al musulmán. Cuando éste dice que los pecadores condenados saldrán del infierno, le acusa de no entender las condiciones de los árboles (es decir, de contradecirse al afirmar que Dios, después de haber condenado irremisiblemente —tras la muerte—, vuelve a perdonar; libro IV, VIII). Igualmente sería contradictorio que los ángeles mueran (libro IV, VII) y que los hombres muertos —que ya no pueden actuar— sean sometidos a una prueba, y no a un juicio (libro IV, VI).

113

Llull conocía la dicotomía existente en el mundo islámico entre ciencia y fe, y por eso en ocasiones el sabio musulmán da por respuesta que Dios sabe más (sabe cómo hacer cosas aparentemente absurdas). El sabio «ideal» de Llull es *liberal* en materias en que una interpretación fundamentalista podría ser reducida al ridículo. Cuando explica que en el paraíso los varones gozarán de abundantes jóvenes que conservarán la virginidad a pesar de mantener con ellas trato sexual, el gentil pregunta qué recibirán las mujeres justas. La respuesta inicial es que los hombres son superiores a las mujeres, pero el sabio añade que Mahoma «habló en imágenes a gente inepta e incapaz de comprender», y que los musulmanes están divididos entre los que hacen una «interpretación literal del Corán» y los «filósofos y grandes clérigos» que piensan que el paraíso no consiste en gozos sensuales (libro IV, XII).

A Llull no le interesa decir la última palabra con este libro, sino mantener abierto un diálogo, y por ello los tres sabios renuncian a saber cuál de las tres religiones parece mejor al gentil —toda vez que éste ha hecho profesión de creer en Dios—, porque si se lo dijera les privaría de «tan buen tema de discusión y de tan buen medio de buscar la verdad». Esta profesión de *honradez intelectual* va seguida de la afirmación de que el apego a los bienes terrenales y la falta de amor de Dios y al prójimo son la causa de que los hombres no se empeñen en buscar la verdad. Por último, los sabios se despiden pidiéndose mutuamente perdón por cuanto puedan haber dicho de ofensivo para la religión de los otros.

Llull había permanecido relativamente *inactivo* mientras se organizaban empresas como el fracasado proyecto de expedición de Jaime I a Tierra Santa (1269). Al acompañar a Jaime II de Mallorca al concilio de Lyon, toma ya la iniciativa de proponerle la fundación de un monasterio dedicado al estudio de las lenguas de los infieles... y a su Arte. 1276 será el año de la muerte de Jaime I el Conquistador, del comienzo del reinado independiente de Jaime II de Mallorca, y de la confirmación —17 de octubre— por parte del papa Juan XXI de la fundación del monasterio de Miramar. En este contexto —poco antes o después de la efectiva puesta en marcha del monasterio— hay que comprender la redacción del *Libre del gentil e dels tres savis*: será el libro de texto en el que los futuros misioneros aprendan cómo ha de emprenderse el diálogo interconfesional, tal como lo ve Llull.

El 13 de marzo de 1276, a petición de la mujer de Llull —que dice que su marido no se ocupa de los negocios y se dedica a la vida contemplativa—, una sentencia nombra un procurador para sus bienes familiares. Habían pasado trece años desde las *apariciones* y cabe suponer a los hijos de Llull ya relativamente situados en la vida. Dos años antes, había dedicado a su hijo la *Doctrina pueril*. Parece, pues, aventurado acusar a Llull de descuido de sus deberes familiares aunque considerara que había llegado el momento de «pasar a la acción». El que su mujer no figure como compañera en su nueva singladura no implica una ruptura violenta: el propio Llull no tendría un ápice que añadir a la afirmación de que había abandonado los negocios para dedicarse a la contemplación.

FRACASOS EN MALLORCA, ROMA Y PARÍS

Tras la invención del Arte, había llegado para Llull la hora de soltar amarras con las limitaciones que no estaba preparado para superar en 1263. La idea de proponer su proyecto al Papa y a los príncipes cristianos pasa a primer plano: el duodécimo concilio ecuménico, celebrado en Lyon en 1274, supuso el primer contacto con ellos para Llull. En aquella ocasión, el emperador bizantino Miguel VIII Paleólogo, que había recuperado Constantinopla en 1261 poniendo fin a la Romania latina, admitió la autoridad primada del Papa sobre la Iglesia. Parecía recuperarse la unidad entre oriente y occidente.

Entre los temas propuestos por Gregorio X para el concilio —unión con los griegos, cruzada en Tierra Santa y reforma de la Iglesia— el segundo parecía tener más puntos de contacto con el proyecto de Llull y, en general, con los de la corona de Aragón. Jaime el conquistador, vasallo del Papa y a quien vimos pocos años antes empeñado en un proyecto de conquista de Tierra Santa, fue el único monarca occidental asistente al concilio. Además de las representaciones de otros reinos cristianos —Francia, Alemania, Inglaterra, Sicilia y los griegos—, asistieron delegados tártaros. La unión con los griegos —rechazada por el clero oriental— no llegó a materializarse, y tampoco el proyecto de cruzada, ya que Gregorio X murió en enero de 1276.

Jaime II de Mallorca sometió entretanto las obras de Llull al examen de un fraile franciscano, Bertran Berenguer, que las aprobó. Una vez confirmada por el Papa la fundación de Miramar, fueron enviados allí trece franciscanos: el número se inspiraba, probablemente, en el de Cristo más sus doce apóstoles. A ellos iba a dedicar Llull buena parte de sus esfuerzos durante casi una década a partir de mediados de 1274 (el concilio terminó en julio): un período semejante al de sus estudios iniciales. Si quería influir en la esfera intelectual e internacional —donde, en 1274, había jugado un papel de mero observador— Llull tenía que mostrar sus dotes de maestro, estableciendo una escuela, un primer círculo de discípulos preparados para difundir el Arte. Tenía que demostrar que lo que había visto en abstracto, y había puesto por obra en primera persona, podía también convertirse en un proyecto colectivo.

La situación elegida para el monasterio luliano favorecía una vida dedicada al estudio y la contemplación. En la costa tramuntana noroeste, más allá de las estribaciones de la sierra de Alfabia, al sur de Deia, el pequeño edificio de Miramar tiene vistas directas a una caleta protegida. Jaime II lo dotó de «abundantes posesiones» y con quinientos florines de oro anuales para el sustento de los frailes, que debían «aprender la lengua morisca para convertir a los infieles» (*Vita coetanea*, 17). Llull dependía, pues, de la corte, cuya principal sede era Montpellier. En 1275 realizó una breve estancia en Mallorca, donde volvió después para organizar el monasterio. En mayo de 1278 lo vemos de nuevo allí como testigo de la venta de una viña de la madre de Jaume Picany: no desatendía, por tanto, algunos asuntos familiares.

No conocemos la frecuencia de los viajes de Llull entre Mallorca y Montpellier, donde se encontraba en 1283 y 1284, redactando *Blanquerna* y *Ars demonstrativa*, ésta leída «públicamente» en esa ciudad. La *Vita coetanea* da entonces un salto hasta 1287, y no veremos de nuevo a Llull en Mallorca hasta 1294. Salvo en el primer lustro de existencia del monasterio, Llull no se dedicó aparentemente a la fundación con todas sus fuerzas. Cabe imaginar que fue por falta de dotes organizativas, o por atender a la redacción de sus obras. Antes de hacer un juicio al respecto, convendrá observar las vicisitudes sufridas por su protector, a la sazón la parte más débil en el conflicto interno de la corona de Aragón.

Jaime I había cedido en su testamento (1272) a Jaime II, además de Baleares y Montpellier, el Rosellón, la Cerdanya, Vallespir y Conflent. A la muerte del conquistador, Pedro III de Aragón (II como conde de Barcelona) utilizó su influencia en Francia y ante el Papa, amén de su propia fuerza militar, para obligar a su hermano a rendirle vasallaje, lo que consiguió en 1279 (tratado de Perpinyá). Llull salió probablemente entonces de la isla, siguiendo el destino de su rey, cuyos derechos trataría de defender ante el Papa.

Los papas, por su parte, se apoyaban en Francia —regida por Felipe III entre 1270 y 1285— para contrarrestar la influencia alemana, y en 1266 habían consentido en la invasión de Italia por Carlos de Anjou, que había de reinar en Nápoles y Sicilia: con Manfredo (1258-1266, hijo del también emperador Federico II) terminó el reinado del último de los *reyes suevos* (Hohenstaufen) en el sur de Italia.

Pedro III conquistó Sicilia en 1283, atendiendo a la petición de Roger de Lauria y de la población de Palermo que había dado muerte a la guarnición francesa (vísperas sicilianas), y alegando derechos que le daba su matrimonio con Constanza, hija del emperador Manfredo. El papa Martín IV (1281-1285) excomulgó a Pedro III y autorizó a Carlos de Valois, hijo de Felipe III de Francia, a emprender una cruzada contra la corona de Aragón. Jaime II de Mallorca permitió el paso de los ejércitos —y civiles ansiosos de ganar la indulgencia de la cruzada— por el Rosellón, pero Roger de Lauria derrotó a los angevinos en Malta, en el golfo de Nápoles y en el de Rosas (1284), forzando a los franceses a levantar el sitio de Girona.

En 1285 murieron Felipe III de Francia y Pedro III de Aragón. El hijo de éste, Alfonso III (1285-1291) ocupó Mallorca e Ibiza en noviembre, y en 1287 expulsó de Menorca a los sucesores de Abduala (Boabdil) Mohamed, transgrediendo el pacto que su abuelo había firmado. La guerra contra Felipe IV de Francia, contra Carlos de Nápoles y contra su tío Jaime II de Mallorca (en el Rosellón y Ampurdán) continuó, y sólo tras la muerte de Alfonso III el papa Bonifacio VIII logrará que su sucesor y hermano Jaime II de Aragón (1267-1327, reinó en Sicilia entre 1285 y 1291) firmara con los demás contendientes, el 24 de junio de 1295, el tratado de paz de Anagni. En 1298, el acuerdo de Argelès permitió a Jaime II de Mallorca recuperar la isla que daba nombre a su reino, pero a cambio de confirmar su vasallaje al monarca aragonés.

No es por tanto probable que Llull pudiera visitar Mallorca durante los cuatro años (1283-1287) sobre los que nada dice la *Vita coetanea*, y menos tras la efectiva ocupación catalano-aragonesa de 1285. El regreso a la normalidad no se daría hasta 1299, con el rey Jaime II de nuevo instalado en la isla. No obstante, la visita que hizo a su hijo Domènec en 1294, indica que Llull no se cruzó de brazos a la espera de la plena restitución de los derechos de Jaime II de Mallorca. El propio rey —impotente tanto frente a los ejércitos catalano-aragoneses en 1276 como frente a los franceses ocho años más tarde— debió comprender que Llull buscara protección fuera de su corte (al menos no hay rastro que permita suponer que le guardara rencor por hacerlo) con tal de salvar el proyecto de Miramar.

Más que de pasividad y falta de organización, pienso que se podría *acusar* a Llull de lo contrario. Con su deseo de mantener a flote Miramar, corrió el riesgo de ser incomprendido por su principal mentor. Pero, sobre todo, a pesar de ser un personaje *carismático* —puesto que consideraba que había recibido su Arte por gracia de Dios—, aparentemente confió demasiado en la *organización*. Si la creatividad no es algo que se puede otorgar por decreto, mucho menos podía serlo la asunción de un proyecto vital como el de Llull por parte de otras personas. Y, sin embargo, Miramar parece haber sido organizado *a golpe de real decreto*.

120

La actuación de Llull muestra por tanto que tenía prisa por llevar a la práctica su proyecto. Y para ello hubo de dar por buenos los medios que se le ofrecían: no tenía mucho entre lo que elegir. Teóricamente, puede pensarse que los dominicos, por dedicarse al estudio y la predicación, hubieran sido los residentes ideales para Miramar. Sin embargo, Jaime II sometió los libros —y de algún modo el proyecto— de Llull al examen de un franciscano, y en lógica consecuencia ésta fue la orden involucrada en Miramar. También podemos pensar que ello se debió a la *simpatía vital* de Llull hacia los franciscanos, por cuanto originariamente fue el ejemplo de San Francisco el que le *desperezó*.

Dominicos fueron los principales autores contemporáneos de Llull que recordaron la conveniencia de predicar a los musulmanes: además del ya citado Humberto de Romans (*De officiis ordinis*, 1260), Guillermo de Trípoli (*De Statu Sarracenorum*, hacia 1280), Ricoldo de Montecroce (*Libellus ad nationes orientales, Improbatio Alcoran*) o Guillermo Adam (*De modo saracenos extirpendi*, 1318). En Castilla y Aragón, eran dominicos los predicadores que en ese mismo siglo XIII trataban de convertir a los musulmanes. El martirio —en su sentido de testimonio y en el contexto de la peregrinación— está por otra parte con más fuerza en el centro de la espiritualidad franciscana: será de hecho esta orden quien se encargue de la custodia de los lugares cristianos en Tierra Santa...

Cabe preguntar por qué Llull —siendo como él era laico y casado— no consideró la posibilidad de que Miramar fuera una institución secular. Evidentemente, no se trataba de abrir una academia de idiomas, una cátedra de árabe o una edición más *católica* de lo que se ha dado en llamar «escuela de traductores de Toledo». Pero, ¿no condenaba su proyecto al fracaso, al adaptarlo en demasía a lo que ya existía en su entorno? ¿No hubiera sido mejor comenzar a presentar su arte a cualquier tipo de personas hasta cerciorarse de haber dado con las más idóneas?

¿Cuánto tiempo emplearía en realizar esa selección?, podría ser la respuesta de Llull, que pasaba de los cuarenta años, una edad *respetable* para la época. Ahora sabía la lengua árabe y había escrito algunos libros: debía poner manos a la obra sin esperar a que una iluminación divina le confirmara que las personas que seguían su camino eran las más indicadas.

Aproximadamente, pues, tres o cuatro años (1276-1279) pudo dedicar Llull con cierta intensidad a los frailes que, por vocación o por obediencia se alojaron en Miramar. Además del *Libre del gentil e dels tres savis*, en esta época debió escribir el *Libre d'amic e amat*, incluido posteriormente en *Blanquerna*. Podríamos llamarlo edición de bolsillo del *Libre de meditació* —al que cita como orientación sobre cómo se ha de meditar—: contiene 365 puntos (en lugar de capítulos), tantos como días del año (esta vez no bisiesto), para meditar a razón de punto por día.

Más que dedicar estos años o este libro a los frailes, Llull los dedicó a la meditación; y quizá más que cualquier otro, este librito nos muestra que no actuaba *para la galería*, aunque por supuesto tratara de transmitir un mensaje: él era el primer convencido de la necesidad de meditar sobre las virtudes divinas: «Andaba el amigo por montes y llanuras, y no podía encontrar portal por donde pudiera salir de la cárcel de amor que, por largo tiempo, aprisionaba a su cuerpo y a sus pensamientos, deseos y placeres» (punto 112).

Llull se había convertido en un contemplativo itinerante, un *todoterreno* que no necesitaba un monasterio para meditar. Pero no tenía espiritualidad de *francotirador*, y se alegraba de estar con otros en la «cárcel» —expresión mística que será clásica— de Miramar: «Mientras que el amigo andaba en estos sus trabajos, encontró a un ermitaño que dormía junto a una bella fuente. Despertó el amigo al ermitaño, diciéndole si había visto, soñando, a su amado. Respondió el ermitaño y dijo que igualmente estaban encarcelados sus pensamientos en la cárcel de amor, velando y durmiendo. Mucho plugo al amigo haber encontrado compañero de prisión, y ambos lloraron, pues el amado no tenía muchos tales amadores» (113).

También aquí encontramos las perfecciones divinas reducidas a las siete del *Libre del gentil e dels tres savis* (punto 36), convertibles incluso a cuatro que coinciden con el ser: «Preguntaron al amigo por qué era su amado glorioso. Respondió: porque es gloria. Le dijeron que por qué era poderoso. Respondió: porque es poder. Y por qué es sabio: porque es sabiduría. Y por qué es amable: porque es amor» (38). El amor es el tema central del libro; un amor que se muestra por parte humana con el sufrimiento y que Dios paga dándose al amigo: «Contó el amado los pensamientos, y los deseos, y los llantos, y los peligros, y los trabajos que había sostenido su amigo por su amor; y añadió el amado a esa cuenta la eterna bienaventuranza; y se dio él mismo en paga a su amigo» (63).

Llull es ya un experimentado viajero por esta vía, que no es un *camino de rosas*: «Estaba el amigo languideciendo y en tristeza por sobreabundancia de pensamientos; y envió preces a su amado para que le transmitiera un libro en que fuesen escritas sus semblanzas, para que le diera algún remedio. El amado envió aquel libro a su amigo y se doblaron los trabajos y languideces del amigo» (86). Si el arte era una vía de acercamiento intelectual a Dios, en este librito deja claro Llull que hay otras vías, que es el amor místico la más perfecta, y que los sufrimientos no son tanto externos como por verse imperfecto en el amor: «Di, loco, ¿te da vergüenza que la gente te vea llorar por tu amado? Respondió que vergüenza sin pecado es por desfallecimiento, que no sabe amar» (92).

La vía del conocimiento tiene prioridad *pedagógica* natural, porque no se puede amar sin conocer: «Preguntó el amigo al entendimiento y a la voluntad cuál de las dos era más cercana a su amado, y corrieron ambos, y el entendimiento llegó antes a su amado que la voluntad» (18). Este sentido tiene el punto probablemente más conocido de este libro: «Preguntaron al amigo de qué nacía el amor, de qué vivía y por qué moría. Respondió el amigo que el amor nacía de la memoria, vivía de la inteligencia y moría por el olvido» (137). Memoria y entendimiento están, en último término, al servicio de la voluntad: «Pidió el amigo a su amado que le diera generosidad, paz, honra de este mundo, y el amado mostró su semblante a la memoria y al entendimiento del amigo, y se dio a la voluntad por objeto» (106). «Olvidó el amigo todo cuanto está bajo el cielo soberano, para que el entendimiento pudiera llegar más alto en conocer al amado, a quien la voluntad desea predicar y contemplar» (138).

En definitiva, Llull considera las vías intelectual y amativa para llegar a Dios como inseparables, ya que separarlas implicaría dividir a la persona humana: «Preguntaron al amigo si era posible que su amado lo desenamorara. Respondió que no, mientras que la memoria recordara y el entendimiento entendiera las noblezas de su amado» (188). No obstante, el «amor que estaba entre los dos» es la relación más directa, la «mayor comparación y semblanza» entre amigo y amado (189). «A la derecha del amor está el amado, y el amigo está a la izquierda; por eso, si el amigo no pasa por el amor, no puede llegar a su amado» (258).

El amor no es algo que se alcanza a base de actividad, a brazo partido: «No hay en el amado ninguna cosa en que el amigo no halle ansia y tribulación, ni el amigo tiene en sí cosa en que el amado no halle placer y señoría; y por eso el amor del amado es acción, y el amor del amigo es languidez y pasión» (114). Pero no pasividad, ya que la rutina es el principal enemigo de quien ha emprendido este camino contemplativo: «Se esforzaba el amigo por seguir a su amado y pasaba por un camino donde había un mal león que mataba a todo hombre que por él pasaba perezosamente y sin devoción» (119).

Como desde el primer momento, sufre Llull por dar a conocer a su amado, pero en cambio no sufre ya por ser personalmente despreciado y tomado por loco: «Decía el amigo a su querido amado que le mostrara la manera como lo pudiera hacer conocer, y amar y loar por las gentes. Llenó el amado a su amigo de devoción, paciencia, caridad, tribulaciones, pensamientos, suspiros y llantos, y en el corazón del amigo hubo audacia para loar a su amado, y en su boca hubo loores de su amado, y en su voluntad hubo menosprecio de los insultos de las gentes que juzgan falsamente» (135).

La experiencia mística de Llull cuajará en expresiones que anticipan a las de «muero porque no muero» que cantará Teresa de Jesús tres siglos más tarde: «Moría el amigo por placer, y vivía por languidecimientos; y los placeres y los tormentos se ajustaban y unían en ser una misma cosa en la voluntad del amigo. Y por eso el amigo, al mismo tiempo, moría y vivía» (195). La vía mística, sin embargo, no es exclusivista; o, dicho de otro modo, Llull no es *milagrero*, y no propone como ideal los fenómenos extraordinarios: «Decía el amigo que la ciencia infusa venía de voluntad, devoción, oración, y ciencia adquirida venía de estudio, entendimiento. Y por eso es cuestión cuál de las ciencias es más cercano al amigo, y cuál le es más agradable, y cuál es mayor en el amigo» (240).

Llull se había preocupado de buscar una dotación para Miramar, aunque no ocultaba su afán de vivir la espiritualidad mendicante: «Andaba el amigo pidiendo limosna por las puertas, porque recordaba el amor de su amado a sus servidores, y porque usaba de humildad, pobreza, paciencia, que son cosas agradables a su amado» (273). La predicación, y en concreto a los infieles, es sin embargo un aspecto más importante de su espiritualidad: «Predica, loco, y di las palabras de tu amado. ¡Llora, ayuna! Renunció al mundo el amigo, y fue a buscar a su amado con amor, y lo alababa en aquellos lugares donde era deshonrado» (280). El libro está destinado a ser leído por cristianos, y por eso puede dar sin tapujos su opinión acerca de Mahoma, «que fue hombre engañador» (153).

En el *Libre d´amic e amat* pueden encontrarse puntos coincidentes con una filosofía de los opuestos no ajena a la influencia cátara: el desamor aparece con intención de «desenamorar al amigo y para deshonrar al amado. Mucho descomplació al amado y al amigo lo que decía el desamor, y multiplicaron el amor para que venciera y destruyera al desamor» (162). «Di, amador, ¿en qué tienes más entendimiento, en entender la verdad o la falsedad? Respondió que en entender la verdad. ¿Por qué? Porque entiendo la falsedad para poder entender mejor la verdad» (164). «En un gran bosque estaba el amigo, que andaba buscando a su amado, y encontró a la verdad y a la falsedad, que disputaban sobre su amado, ya que la verdad lo alababa y la falsedad lo injuriaba. Y por eso el amigo gritó al amor que ayudara a la verdad» (191). «Preguntaron al amigo qué cosa estaba más lejos de su ánimo, y él respondió que el desamor. Le preguntaron por qué razón. Respondió que porque lo que estaba más cerca de su ánimo era el amor, que es contrario al desamor» (198).

Está claro que Llull habla en sentido psicológico, y que no pretende dar entidad metafísica al mal: «Afirmaba el amigo que en su amado estaba toda perfección; negaba que en su amado hubiera algún defecto» (204). La existencia del pecado, que define como «intención girada y vuelta contra la final intención y razón por la que mi amado ha creado todas las cosas» (283), confirma el respeto divino hacia el hombre creado libre: «Preguntaron al amigo si su amado tenía defecto de alguna cosa, y respondió que sí, de amadores, loadores, que honraran sus valores» (215). El mismo Dios afirma estar «muy decepcionado, porque había creado al hombre para que lo amara, conociera, honrara, y de mil hombres tan sólo cien lo temían y amaban, y de los cien noventa lo temían por que no les diera castigo, y diez lo amaban para que les diera gloria; y apenas había quien lo amara por su bondad y su nobleza. Al oír el amigo estas palabras, lloró fuertemente el deshonor de su amado, y dijo: Amado, que tanto has dado al hombre y tanto le has honrado, ¿por qué te tiene el hombre en tal olvido?» (217).

Al perder Jaime II el dominio de Mallorca en 1279, se suspendió la dotación real de Miramar. Cabe pensar que los franciscanos podrían afrontar esta contrariedad echando mano de su espiritualidad mendicante. Aún en este caso, ¿podrían mantener vivo el espíritu de la fundación sin estar Llull presente, con un par de libros por toda orientación? Si Llull lo pensó así, se equivocó. En todo caso, pensó que su misión no acababa en Mallorca y que debía proseguirla en el continente.

Evidentemente, un solo monasterio —y con una existencia problemática— no bastaba para convertir a todo el mundo no cristiano. Hacía falta expandir el mensaje, lo más rápidamente posible. Con todo respeto y agradecimiento hacia Jaime II de Mallorca, Llull comprendía que con el apoyo de un solo rey —que además estaba acorralado por sus propios familiares— no llegaría muy lejos. Así que llegó a negociar con los agresores de su monarca, y el 10 de febrero de 1291 Jaime II de Aragón confirmaba para Miramar una dotación de 5.000 sueldos anuales que habría otorgado su recién difunto hermano, Alfonso III, el mismo que invadió Mallorca.

Llull no había jurado odio eterno al enemigo que despojó de su isla a Jaime II y a él de su monasterio: pero el que negociara con los reyes de Aragón y condes de Barcelona no significa que *se aliara con el diablo*: simplemente no tenía miedo de reclamar la restitución de su derecho a quien en ese momento era la autoridad fáctica en la isla. Pero la nueva subvención llegaría demasiado tarde y, cuando visitó Mallorca en 1294, Llull no pudo más que constatar la desaparición de la comunidad de frailes de Miramar, que todavía existía en 1292 cuando una intervención real trata de remediar su desorganización. En 1294, Llull realizó también una breve visita a Barcelona, señal de distensión respecto al nuevo rey-conde (Jaime II de Aragón-Barcelona), pero no de cambio de opinión acerca de Alfonso III, a quien parecen dirigidas las palabras con que termina la mención a Miramar en el *Desconort* (hacia 1295) «¡que lo tenga en su conciencia quien lo malbarató!»

También a la corte —de la que había estado ausente más de una década— era aplicable el nuevo ideal de contemplación, que Llull expone a sus antiguos y nuevos colegas en el *Libre de l'Orde de Ca-*

ballería (hacia 1279). Como en el libro del gentil, emplea sus dotes trovadorescas para imaginar el encuentro, en un bosque, entre un anciano caballero que ha abandonado el mundo y un joven escudero que acude a cortes para ser nombrado caballero. En la estampa del anciano es difícil no ver a Llull: «un caballero ya anciano, con una gran barba y vestidos humildes y destrozados por el largo uso. Por la penitencia que allí hacía; estaba enjuto y descolorido; y sus ojos se hallaban sin brillo por las muchas lágrimas que había derramado; y toda su persona daba la sensación de una muy santa vida».

El caballero entrega al escudero no unas figuras con ayuda de las cuales meditar, sino el libro ya hecho, divido en siete partes, que tratan sobre «el principio de caballería», el oficio, el examen de ingreso, la ceremonia, el significado de las armas, las costumbres y el honor que se debe al caballero. El principio de la caballería es el de la guerra justa: restablecer el orden, para lo cual, según Llull, deben elegirse los hombres más justos y nobles, y emplear los medios (animales y armas) más dignos. Su razón de ser es, pues, la injusticia o falta de caridad existente, y así se diferencian de los clérigos en que mientras éstos dan ejemplo para atraer hacia el amor, los caballeros infunden un temor «por el cual temen los hombres injuriarse mutuamente los unos a los otros».

El oficio del caballero es «mantener y defender la santa Fe católica», pero no coincide con el de los clérigos, ya que éstos la predican con la caridad, mientras que a los caballeros los «ha elegido Dios» para que, «por fuerza de armas, venzan y se apoderen de los infieles que cada día se afanan en destruir la Santa Iglesia». Se trata, pues, de una guerra defensiva en la que los caballeros «son mantenedores y defensores del oficio de Dios y de la Fe por la cual nos hemos de salvar». La caballería forma un orden en cuyo ápice, «para significar que un solo Dios es señor de todas las cosas, el Emperador debe ser señor de todos los caballeros», quedando por debajo de él los reyes, etc. Oficio del caballero es sostener a su señor temporal, y la defensa de la justicia en general, de modo que «si el caballero no tiene ojos para ver a los desapoderados de la fortuna; ni tiene corazón con que piense en sus necesidades, no es verdadero caballero, ni permanece realmente en orden de caballería».

Llull quiere establecer normas claras para un oficio dinámico, cuya asunción poco más exigía en la práctica que contar con caballo, armas y un señor al que servir. Ya ha establecido un orden —a ejemplo de la unidad del ser divino— y quiere que en su ejercicio se apliquen las virtudes: para ello es preciso un examen, y el primer requisito es que el candidato ame y tema a Dios, «porque sin amar y temer a Dios ningún hombre es digno de ingresar en el orden de caballería; y el temor de esa indignidad hace sospechar de antemano que ha de cometer injurias contra el alto honor de caballería si es armado caballero».

No parece, sin embargo, que fuera la brutalidad el vicio imperante en los caballeros, al menos los de esa corte, a los que en definitiva Llull quiere animar a emprender el camino de la virtud. Ello queda claro en la siguiente ironía, donde vemos que Llull conserva el aprecio hacia su propia nobleza de origen:

«Si para ser caballero fuesen precisas las bellas facciones, la elegancia del cuerpo, la rubia cabellera, o llevar espejito en la faltriquera; y solamente si el escudero tuviese estas gracias pudiere ser armado por ello caballero; también podrían armarse caballero el hijo de un rústico o una hermosa hembra».

Llull describe una ceremonia de entrada «en el orden de caballería» que exige al candidato confesarse, comulgar, asistir a misa y profesar la fe ante un sacerdote. Después es abrazado y armado por su señor, a quien conviene tener «en sí mismo las virtudes y el orden de caballería, para que, por la gracia de Dios, pueda comunicar virtud y orden de caballería al escudero». Si lo que más recuerda a su antiguo oficio de trovador es la imaginación con la que relaciona cada pieza del vestuario con las virtudes caballerescas, lo que más recuerda al Arte luliana es la forma como relaciona en el capítulo siguiente las virtudes entre sí y oponiéndolas a los vicios. Los caballeros salen, en todo caso, mucho mejor parados que en *Libre de meditació*, ya que aquí se exponen sólo sus deberes, y falta la exposición de la «dura realidad»...

Con esa realidad de la discordia entre caballeros cristianos se iba a enfrentar Llull en los años siguientes. La confianza en su arte, empero, no disminuyó un punto y, en torno a 1283, podemos fechar diez obras además de *Blanquerna*, a las que hay que añadir otras cuatro fechables hacia 1285. Gayà supone que el desarrollo sistemático de la teoría de los cuatro elementos en las obras escritas por Llull en Montpellier refleja la pujanza de la ciencia médica en esa ciudad. Terminada hacia 1283 ó 1284, *Blanquerna* es, según Tomàs Carreras i Artau, «el primer esbozo, en Europa, de novela filosófico-social y también autobiográfica». Llull, que está tratando de organizar la vida del nuevo monasterio mallorquín, expone lo que Carreras llama «intento de organización de la paz cristiana dentro del imperio papal», pero en torno al modelo de ese monasterio. Llull dedica un agradecido recuerdo (c. 65) al «noble y sabio, Jacme rey de Mallorques», cuyo «piadoso deseo es que Jesucristo sea honrado entre los infieles por la predicación».

El primer libro de *Blanquerna*, dedicado al matrimonio, es el que más rasgos autobiográficos presenta, aparte la serie de fábulas con las que ilustra el bien que el buen ejemplo de un matrimonio cristiano puede hacer. Dentro de la fantasía literaria están los libros donde describe el ideal ejercicio de las virtudes (y de la meditación) en los demás estados (libro II, *de religión*; libro III, *de prelación* —para clérigos y obispos—; libro IV *del estado apostólico*: para el Papa). Uno de los elementos que introduce (c. 24) es el *artificio para la elección de personas*, como arte con la que «no puede errar el hombre en la elección», examinando las siguientes condiciones de los candidatos a un cargo: «cuál ama y conoce más a Dios; cuál ama y conoce más virtudes; cuál conoce y desama más fuertemente los vicios; cuál es la persona más conveniente».

Miramar, donde trece frailes se preparan para que, «cuando sepan el árabe, con licencia de su general, vayan a honrar el fruto de nuestra Señora, dispuestos a padecer hambre, sed, calor, frío, tormentos y muerte», es «un establecimiento hecho para todos los tiempos» —lo que indica que, o el optimismo de

Llull era ciego, o antes de la invasión de 1285 las dificultades en Miramar no habían sido graves— y hasta tal punto ejemplar que el obispo que oye este relato no sólo establece un monasterio semejante, sino que «renuncia al obispado, y con algunos canónigos y religiosos, y hombres legos» marcha al monasterio para seguir «la regla y la manera del monasterio de Miramar».

Del mismo modo, en la reforma de la curia romana ocupa un puesto principal la organización de misiones en todo el mundo, para predicar a cada pueblo de la forma más eficaz: «según ejemplos y costumbres, y por metáforas y por semejanzas, para que las sensualidades fuesen ordenadas a hacer subir las semejanzas hasta los poderes del alma, pero los cuales, fueran iluminados en la intelectualidad por la santa fe católica»(c. 88). En el caso de los «sarracenos», que se han dejado engañar «por la bella manera» como se les habla en el *Corán*, se ha de emplear para la predicación el *Libre d'Amic e Amat*, pues abrevia «los pleitos y contrastes» entre ellos y los cristianos en forma adecuada a la «devoción» y «ordenamiento» de aquellos. De esta forma reconoce el propio Llull su inspiración en las formas de la mística musulmana al componer aquel libro.

Aclara Llull que la ilustración de la fe católica no es demostración en sentido estricto: el argumento con que lo explica vale a Blanquerna nada menos que ser elegido Papa. Según él, hay dos tipos de demostración, una «en la que no cabe calumnia», como cuando se dice que el cuadrángulo tiene más ángulos que el triángulo; y otra en la que «se puede hacer calumniación, como por el efecto probar la causa»:

demostraciones deductivas o inductivas, pues. Imposible es que los artículos de fe sean demostrables deductivamente, pues entonces «sería imposible que fueran artículos de fe», ya que serían lógicamente deducibles. En cambio, en el terreno inductivo Llull considera demostrable «lo que no puede ser destruido por razones necesarias» (no es absurdo), mientras que su contrario sí puede serlo.

Llull plantea estas cuestiones en la curia romana, centro del cristianismo, porque están en el centro de su sistema. Negar la *demostrabilidad* de los dogmas (compatibilidad con las razones necesarias e incompatibilidad con las de sus opuestos) implicaría afirmar «que fe y entendimiento fueran una la destrucción del otro»: la independencia entre fe y razón parapetada tras el argumento averroísta de la doble verdad será lo más opuesto a la doctrina de Llull, para quien no hay doble verdad que resista un mínimo de lógica. Los averroístas latinos habían sido condenados de nuevo en 1277 por el obispo Tempier de París, y esta vez la *caza de brujas* llegó hasta el fallecido Tomás de Aquino, de quien se pretendió descalificar 219 proposiciones (tres cuartas partes no eran suyas). El mayor filósofo cristiano quedó así en entredicho nada más morir, y sólo el Papa, al canonizarlo en 1323, evitó su total olvido.

En *Libre d'intenció* afirmó Llull que «el diálogo y la conversión de los infieles es amable como primera intención; la guerra y la lucha contra ellos, lo son como segunda intención», como medio cuando no hay otro para impedir una injusticia. Sabedor de hasta qué punto vivían algunos príncipes cristianos al margen de esta doctrina, Llull se decide a presentar su proyecto —el Arte— y su primera realización —Miramar— al Papa y a los monarcas en cuanto disminuye la intensidad del conflicto bélico con la retirada francesa de Cataluña. Irá directo a la cabeza: Roma y París. El imperio alemán estaba en horas bajas, tras pasar veinte años sin monarca antes de 1274. A Roma llegó Llull en 1287, poco después de fallecer el papa Honorio IV (3 de abril), por lo que decidió emprender sin demora viaje a París. Acertó sin saberlo, ya que de haber querido ver al nuevo Papa (Nicolás IV), habría tenido que esperar a febrero de 1288.

Como carta de presentación al Papa, Llull había escrito *Cent noms de Deu*, donde, para rebatir el argumento musulmán de que su fe es la verdadera por estar expuesta en el más hermoso de los libros, pretendió —«yo, Ramon Luyl, indigno»— escribir un texto más excelso, puesto que lo escribe en verso y el *Corán* está en prosa; y pide al Papa y a sus cardenales «que manden traducirlo al latín, en buen estilo, pues yo no sabría hacerlo, porque ignoro la gramática». El viaje de Llull es casi paralelo con el de una embajada del il-can tártaro Argún de Persia, que, presidida por un obispo pekinés (el nestoriano Rabban Sauma) llegó a Roma en junio y siguió viaje hacia París, donde Felipe IV los recibió en septiembre.

Llull tomará pie de esta coincidencia para escribir en 1288 el *Liber Tartari et Christiani* (o *Liber super Psalmum «Quicumque vult»*), semejante al libro del gentil, con protagonista ahora tártaro, y dejando para el sabio cristiano —Blanquerna, que un lustro atrás, al final de la novela, dimitía del papado por motivos espirituales, a diferencia de lo que sucederá con

136

Celestino V— la última palabra en la exposición detrás del judío y el musulmán. Esta vez no habrá lugar a dudas, y el gentil se bautiza y viaja a Roma, donde se prepara para ser misionero: síntoma de que la misión luliana urge.

El viaje de Llull a París, al margen de motivos intelectuales (la Sorbona), indica que captó la importancia de Francia, sin que la discutible personalidad de Felipe el Hermoso le retrajera de reclutar todas las fuerzas posibles para su causa. El papado, en efecto, que se apoyó en Francia para librarse de la tutela alemana, iba a tratar ahora de afirmarse sobre su nuevo *protector*. El *realismo* (visión realista, pero también convicción de su propia autoridad) de Felipe IV le había llevado en 1287 a proponer un pacto con el excomulgado rey de Aragón (Alfonso III) por el que el reino de Sicilia se dividía, dejando la isla a los aragoneses y la parte continental a Carlos II de Salerno (de la casa de Anjou). El papa Honorio IV prohibió a su vasallo angevino aceptar. Felipe IV continuó las negociaciones, hasta llegar al tratado de Tarascón (1291), cuya aplicación también sería suspendida.

En su deseo de que se abriera un monasterio-colegio misional en la capital francesa, Llull consiguió probablemente ser recibido por el rey y por el canciller de la Sorbona, Bertoldo de Saint-Denis, pues se le autorizó a enseñar el Arte en la Universidad. Su magisterio parisino se condensa en el *Compendium Artis demonstrativae*, en cuyo final suplica a sus lectores «que no atiendan a la impropiedad de las palabras, que acaso no expresan plenamente lo que se quiere decir. Que no les moleste tampoco lo inusual

137

del lenguaje, sino que aprendan esta forma de hablar al modo árabe, para poder así rechazar las objeciones de los infieles». Tras proponérselo 25 años atrás, Llull había llegado a la capital intelectual de la cristiandad con 55 años de edad, avalado por largos años de estudio y por cuarenta obras escritas. Pero su mensaje no obtuvo el éxito deseado.

El lenguaje impreciso del recién llegado chocaba con un cientificismo que daba más importancia a la corrección formal que a una verdad de momento no negada, pero tampoco buscada. «Algunas veces —dice Llull en *Quaestiones per Artem demonstrativam seu inventivam solubiles* (1289)—, para expresar bien el pensamiento, caemos en impropiedades de una expresión correcta». Los errores «no debe imputarse a deficiencia del Arte, sino a la propia impericia»: pero para muchos debía ser su apasionada fe en la verdad lo más intolerable. Como señala Amador Vega, la propuesta de Llull era una llamada a la conversión para los intelectuales, ya que presentaba la ciencia del conocimiento como incompleta si no iba acompañada de la del amor a Dios (*amància*). En este punto su mensaje se parecía al de los frailes, que no tenían *buena prensa* en la Sorbona. No estaba, por ejemplo, permitido prestarles libros: de los 1.017 volúmenes con que contaba la biblioteca en 1290, casi 300 habían sido legados por Gerardo de Abbeville, contrario a la presencia de los mendicantes.

Entre los personajes que Llull conoció en París cabe anotar a Pierre de Limoges (o Pierre de La Cipière, hacia 1230-1306), que legaría a la Sorbona cinco obras de Llull, y sobre todo a Tomás Le Myèsier

(Thomas Migerius, muerto en 1336), doctor en medicina que llegará a ser su principal discípulo. Además de la universidad, Llull frecuentó la cartuja de Vauvert, donde sus enseñanzas encontrarán acogida. Del estado de ánimo de Llull en París da fe su segunda novela doctrinal, el *Fèlix* o *Libre de meravelles* (1288), donde aparece como hombre «triste y languideciente en tierra extraña» que envía a su «hijo, al que amaba mucho» a viajar por el mundo para averiguar por qué los hombres «conocen y aman tan poco a Dios», habiéndose perdido el «fervor y la devoción» del tiempo de los «apóstoles y de los mártires, que por conocer y amar a Dios sufrían y morían».

El asombrado Fèlix (en este sentido utiliza el adjetivo *maravillado* y el nombre *maravillas*) queda escandalizado tras encontrar en un bosque a una indefensa pastora que confía en Dios, y a la que devora un lobo. Frente a los planteamientos teórico-apriorísticos de *Blanquerna*, Llull ha visto ahora más *mundo* y se pregunta por la existencia de Dios desde un punto de vista psicológico: partiendo de la existencia del mal. Con una parábola, el ermitaño al que Fèlix encuentra le hace considerar que el mundo es bueno, y por tanto su causa tiene que ser buena. Si no existiera ese bien al que llamamos Dios, el mundo sería causado por el mal (catarismo), lo que es imposible —lo mismo en cuanto a finalidad: el fin de un bien no puede ser el mal—, porque el bien conviene al ser y el mal al no ser: aquello por lo que el mundo es, no puede ser malo.

El mal es aparente, pues o bien no lo es en términos absolutos —la pastora recibe de Dios, en premio a su virtud, el cielo—, o si lo es, no es causado por Dios, que permite la tentación sobre la existencia de Dios a que se ve sometido Fèlix para que sea ocasión de un fortalecimiento en la fe con ayuda del ermitaño. Éste presenta además un argumento psicológico sobre la existencia de Dios, basado en el deseo de vivir (miedo a la muerte): si Dios no existiera, sería el mundo eterno y no habría resurrección, por lo que el fin del hombre no podría consistir en vivir independientemente del mundo. Si ese fuera su fin, ¿cómo es que se resiste a la idea de morir? Viceversa, hay un argumento psicológico mostrado por quienes, como el ermitaño, por amor de Dios, no temen a la muerte: «deseo estar con Dios y en este deseo podéis percibir vos que Dios existe, pues si no existiera, yo tendría ahora el mismo miedo que tenéis porque no sabéis amar ni conocer a Dios» (c. 1).

El *Fèlix* se divide en diez libros, dedicados al estudio de Dios, los ángeles, el firmamento, los elementos, las plantas, los metales, las bestias, los hombres, el paraíso y el infierno. Llull se aleja de lo que podría parecer un frío intelectualismo, y busca todos los medios posibles para ayudar a la comprensión: parábolas, fábulas, metáforas... Si la lógica pura era necesaria cuando existen prejuicios respecto a otros métodos; cuando sus silogismos resultan opacos, no duda en usar recursos pedagógicos y retóricos. Lo que le importa es hallar una vía de acceso a la meditación, y para ello tiene que ser el sujeto consciente de que —como dice el ermitaño a Fèlix antes de afirmar que «Dios es sus dignidades sin defecto alguno»— el apego a los bienes de la tierra constituye un peligro para la abstracción, pues frena y puede llegar hasta a apagar el conocimiento y amor de Dios.

Aquí deja Fèlix al ermitaño. Escandalizado ahora por la vida pecaminosa de un eclesiástico, le sacará de apuros Blanquerna, con quien continúa la meditación de los siguientes temas. Al llegar a los metales, definirá la alquimia como «búsqueda de la transformación de un metal en otro»... Poco podía imaginar Llull la cantidad de libros que sobre esta materia se le atribuirán apócrifamente con el paso del tiempo.

Particular interés reviste el *Llibre de les bèsties*, conjunto de fábulas enraizadas en la tradición oriental (*Calila y Dimna*, también llamado *Fábulas de Bidpai*), pero también francesa: el *Roman de Renard* (redactado entre fines del siglo XII y la primera mitad del XIII), que trasladaba en verso al mundo animal las disputas entre los señores feudales. Llull escribió el *Libre de les bèsties* antes de 1286 (en Montpellier) y lo insertó en el *Fèlix*. Su protagonista es la zorra (en lugar del término catalán *volp* usa el francés *renart*, pero en femenino). La crítica (o educación) política fabulada en torno a la elección del rey de los animales incluye un resumen de la fábula del toro y el burro de *Las mil y una noches*. Todo el libro es un acercamiento a la verdad por medio de la cuarta forma para obtener conclusiones de que habló en la *Lògica del Gatzel*: el ejemplo. Cuando hay que decir claras verdades —precisamente denunciar que nadie se atreva a decir la verdad (c. 5)— lo hace «un hombre pobremente vestido y de barba larga» tras el cual es fácil ver al escritor mallorquín.

Llull seguía convencido, por una parte, de la verdad y eficacia del Arte, y por otra de que tenía que transmitirlo a los intelectuales, que parecían no comprenderlo. Así que decidió reformular el Arte regresando a la relativa tranquilidad de Montpellier. Antes de abandonar París, el mallorquín escribe dos cartas: una al rey y otra a la Sorbona, solicitando la institución de un colegio de griego, árabe y tártaro: en particular le interesa que se traduzca su Arte a esta lengua y que vayan tártaros a estudiar a París, «pues quien convierta los tártaros, los habitantes de Liconia y los restantes gentiles, conseguirá destruir a los musulmanes. De esta forma, por vía de martirio y por grandeza de amor, todo el mundo podría ser incorporado a la cristiandad», dice en el *Fèlix*. A pesar de su prisa, quiere someter esta idea «a la aprobación y confirmación del Papa, para que su obra sea estable y permanente».

La estancia de Llull en la capital francesa había durado poco más de un año —de fines de 1287 a primavera de 1289— y, de tejas abajo, había sido un fracaso, al igual que la visita a Roma. De camino, halló tiempo para exponer sus ideas a los mandatarios venecianos en la *Epistola dedicatoria ad ducem Venetorum*. En 1289 regresa a Montpellier un Llull casi sexagenario que había abandonado cuanto tenía a cambio de... languidecimientos.

LA *ETAPA TERNARIA* HASTA
LA CRISIS DE GÉNOVA

Llull probablemente estuvo ya en Montpellier en 1289, antes de asistir al capítulo general de los franciscanos, celebrado en Rieti en mayo. Entre el invierno de 1289 y el otoño de 1290 redactó, en la capital de la corte de Jaime II de Mallorca, *Ars inventiva veritatis* y *Art amativa*. Con la primera, precisaba los conceptos y eliminaba del Arte las complicaciones que en su opinión podían constituir un obstáculo para su comprensión. Con la segunda, precisaba en qué consistían para él los obstáculos que había que remover en los lectores para que pudieran seguir el Arte.

En *Ars inventiva veritatis* desaparecen —o más bien se transforman—, doce de las dieciséis figuras originales del Arte, quedando reducidas a cuatro. La principal figura que desaparece es la segunda (S), que contemplaba las operaciones del alma. La figura A, la que permanecerá con más estabilidad en medio de todos los cambios —ahora reducida a nueve términos—, refleja la evolución del pensamiento luliano. Originariamente sus términos significaban las dignidades divinas —en *Ars universalis* la llama figura «de la esencia divina»—, pero ahora se observan desde el punto de vista de la causalidad del ser, como principios supremos de todo cuanto existe en concreto, y que por tanto engloban también a la antigua figura S.

Llull establece en este libro breves definiciones de los principios —«Bondad es el ente, en razón del cual lo bueno hace lo bueno»—, que quedarán fijadas para el resto de su obra y muestran su concepción *operativa* del ser, opuesta al *esencialismo* (filosofías que ignoran la distinción entre esencia y acto de ser captada por Tomás de Aquino). Llull no define los principios porque es realista y le parecen evidentes: la negación de los primeros principios haría imposible la existencia del universo, algo de lo que tenemos experiencia evidente. Las dignidades, por tanto, no nos hablan sólo de la causa primera, sino que están en los seres como condiciones para su existencia.

T —llamada en *Ars compendiosa inveniendi veritatem* «figura de las significaciones»— pasa aquí a ser la segunda figura, que si antes servía para *manejar* la figura S (representaba las operaciones que el entendimiento realiza para conocer los seres), ahora está al servicio de A. El realismo de Llull queda así reforzado, pues si originariamente podía pensarse que la figura T contenía las *operaciones* mentales como algo independiente de la realidad, ahora se pone de manifiesto que las *condiciones* que hacen posible conocer la realidad son las mismas que dan razón del ser de los entes que conocemos. Hasta tal punto que, según Llull, toda la realidad puede ser enjuiciable por medio de las *reglas* que expresa la fi-

144

gura T: «La segunda figura se compone de tres triángulos, por los que se dan todas las cosas y en los que todo se puede ordenar e investigar» (*Art amativa*). «En sus ángulos se encuentra todo lo que existe» (*Lectura super Artem inventivam et Tabulam generalem*, 1294).

Lo que significan las condiciones o reglas de la figura T es explicado por Llull en *Art amativa*: «Una condición es un procedimiento regulado y ordenado, por sí mismo evidente y que viene a significar la naturaleza de las cosas y su definición». Con esta figura, pretende establecer reglas comunes a todas las ciencias, partiendo del presupuesto de que cualquier pregunta científica (sobre el ser de las cosas) tiene relación con los primeros principios; o, dicho de otro modo, que todas las realidades se relacionan entre sí porque proceden de los mismos principios y su ser y nuestro conocer tienen la misma *estructura*.

Esta *estructura* de la realidad y del conocimiento, simbolizada en las figuras, adopta en la figura T la forma de tres triángulos, que representan tres formas de relacionar los seres con los principios (o, en su caso, los seres con los seres y los principios con los principios). El primer triángulo condensa las preguntas acerca de lo que en los seres hay de concordante, de diferente y de contrario. Los tipos de seres hacen que estas preguntas se puedan hacer en tres pares diferentes, comparando lo sensual y lo sensual, lo sensual y lo intelectual, o lo intelectual y lo intelectual. Llull coloca, por tanto, en cada ángulo del triángulo, una de las tres operaciones (concordancia, diferencia, contrariedad), y también en cada uno los tres pares de entes comparados.

De forma plástica, podríamos dividir el triángulo en tres iguales encajados en sus ángulos —dejando sin utilizar el del centro—, y poniendo uno de los tres pares de objetos comparados en cada lado, obtendríamos las nueve preguntas esenciales que enseña a plantear este triángulo: supuesto que estos seres son (sensible y sensible; sensible e intelectual; o intelectual e intelectual)..., qué hay en ellos de concordante, diferente y contrario. Es decir, cada «par» de seres podrá ser triplemente analizado desde el punto de vista de su concordancia, etc.

Con el tercer triángulo propone Llull ejercitar la mente en la comparación entre sustancia y accidentes, preguntándonos acerca de lo que es mayor, menor o igual. El triángulo intermedio es el más complejo, ya que si en él las operaciones tienen un hilo conductor común, los términos sometidos a comparación no son una nueva terna que se repite, sino una terna distinta en cada «ángulo»: si adoptamos el esquema de tres triángulos propuesto, ahora cada uno tiene términos distintos escritos sobre sus lados. En realidad, lo que sucede es que aquí Llull no compara «parejas», sino entes individuales, y en cada ángulo obtenemos tres preguntas diferentes.

Así, la pregunta sobre el «principio» (las causas) de una cosa, puede ser respondida de tres formas. Llull sintentiza así los *puntos* (por no provocar confusión precisamente en este caso repitiendo la palabra principio) que hay que hallar: *causa* (en cuanto principio sustancial del ser analizado, puede ser de cuatro tipos: causa eficiente, formal, material y final), *cantidad* y *tiempo* (que en cuanto principios accidentales —cada cosa es en determinada medida y

146

en un momento determinado— no hacen sino dividir en dos la pregunta sobre las causas accidentales, o si se prefiere resumir en dos los nueve predicamentos).

Al preguntarnos en qué medida el ser tiene carácter de medio, descubriremos las relaciones de *conjunción* que puede haber entre los seres (Llull pone el ejemplo de un gozne), si existe una *centralidad* que los relaciona como los puntos de un círculo con su centro (Llull habla aquí de *mensuración*), o una *intermediación* que permite hablar de un punto medio como entre los extremos de una línea (Llull habla de *extremidad*).

El tercer ángulo del triángulo intermedio nos pregunta acerca de lo que en los seres tiene carácter de fin. Esta palabra es si cabe más ambigua que las anteriores, ya que con ella nos podemos preguntar en general acerca de los *límites* de determinada realidad (Llull los llama *terminaciones*), por los *cambios* que puede sufrir (que Llull llama *privaciones*), y en particular por el cambio sustancial (que pone fin —o *término*, de nuevo una palabra equívoca— a su ser: para los vivientes, la muerte), o finalmente por la *causa final* o *perfección* a la que tienden (Dios en último término).

Ya hemos visto que los estudiosos consideran que la primera etapa *cuaternaria* —con explicaciones basadas en los elementos— es sucedida a partir de 1283 por una etapa *ternaria*. El esquema ternario existió ya en *Libre de meditació*, y en la primera obra posterior a la «ilustración» de Randa, *Ars compendiosa inveniendi veritatem*, donde se refiere a tres elementos, a los que llama «naturalezas simples»: materia, forma, conjunción (en *Libre de meditació* el tercero era privación). Lo que aparece con *Ars demostrativa* —por tanto ya en París con *Compendium Artis demonstrativae* (1288)— no es totalmente novedoso, pero en *Ars inventiva veritatis* halla su expresión cabal.

Lo esencial del nuevo sistema es la correlación entre los principios, y para el caso del hombre, entre las potencias, lo que llevará a Llull a afirmar que, lo mismo que el Arte debe guiar al entendimiento hacia la *ciencia*, sirve para guiar la voluntad hacia la *amancia* —definida en *Art amativa* como el arte de «amar a Dios, a sí mismo y al prójimo, y todas las cosas dignas de ser amadas comprendidas en estas tres, así como rechazar sus contrarios»— y guía también a la memoria (aunque no llegó a escribir un *Ars memorativa*). La correlación exige recordar la teoría de los «puntos transcendentes» (aparecida en *Libre de meditació*) y conduce al empleo de lo que Llull llama demostración por equiparación (*per equiparantiam*).

Los *puntos trascendentes* señalaban el momento en que el entendimiento comprende «las verdades de las cosas que no pueden alcanzar las potencias que le son inferiores», pero sobre todo «cuando el entendimiento mediante la gracia de Dios transciende sobre sí mismo y percibe en sí mismo la verdad de la primera causa y de sus operaciones» (*Declaratio Raymundi*, 1298). Con el entendimiento, podemos conocer más bien lo que Dios no es que lo que es: esto lo conocemos negando la limitación de la propia naturaleza «a fin de admitir una naturaleza superior». Esa «suposición más allá de lo entendido» permite captar la realidad de lo comprendido, y convertir esta realidad en objeto de la ciencia o de la fe (*Ars inventiva veritatis*). Dios siempre queda más allá de toda experiencia mística, por mucho que «ayude» al entendimiento y a la voluntad: la contemplación de sus dignidades es «tan alta que no puede darse en esta vida formalmente, sino tan sólo aproximadamente» (*Art amativa*).

La correlación es el principio con que Llull quiere reconocer la unidad e igualdad de las tres potencias en el hombre, pero también en toda realidad, en la que ve una estructura ternaria. Así, por ejemplo, la voluntad es generada «a modo de forma y materia» a partir de los principios que Llull llama artísticos y que formula en expresión ternaria —«la bondad presente como bonificativa y bonificable, la grandeza como magnificativa y magnificable»—, pero en su generación hace falta también la *conjunción*, que en este caso aportan las otras dos potencias, «pues memoria, entendimiento y las potencias unidas al alma, que componen el cuerpo, son necesarias para aquella generación» (*Art amativa*).

La inteligencia humana capta, según Llull, cuatro propiedades que muestran la correlación (equivalencia o «conversión») de las dignidades divinas: su infinitud, su distinción real, su identidad con la esencia divina y con su propia acción. «Es necesario que el existir y el obrar de Dios se conviertan, y que las dignidades divinas y el mismo existir y obrar de Dios se conviertan» (*Ars inventiva veritatis*). En todo ente, la acción (operación, *operatio*) es un tercer elemento (*conjunctio*) que se añade a la materia y forma aristotélicas. Llull distingue dos tipos de acciones: una intrínseca, que corresponde a la naturaleza del agente y se ejerce sobre la propia materia; y una extrínseca, que se ejerce sobre otros seres, aunque de algún modo revierte («finaliza») también en la propia «materia interior».

La correlación permite observar tres realidades antes de la acción (en potencia): el sujeto (señalado con el sufijo *-tivum*, como *amativum*), el objeto (*-bilis*, como *amabilis*) y la acción (*-are*, como *amare*); y tres en la acción misma (en acto o completada): el agente (*-ans*, como *amans*), el efecto (*-atum*, como *amatum*), la acción (*-are*, como *amare*). Con este planteamiento correlativo trinitario Llull piensa haber encontrado un auténtico nuevo modo de demostrar: la demostración por equiparación.

Frente a las demostraciones deductivas (*propter quid*, que van de la causa al efecto) y las inductivas (*quia*, que van del efecto a la causa), Llull piensa que, dentro de las causas, es posible deducir una condición esencial a partir de otra, dado que la estructura del ser es correlativa, es decir, porque la unidad del ser constituido por principios generales (en Dios, dignidades) nos permite equiparar esas causas. La demostración se puede hacer, según Llull, de dos formas: a partir de los principios en sí o a partir de su obrar. La primera forma ha aparecido profusamente en sus obras anteriores; por ejemplo, para demostrar la infinitud de la ciencia de Dios partiendo de la infinitud de su virtud: «Si la virtud de Dios es infinita, luego su ciencia es infinita, porque la ciencia de Dios es idéntica con su virtud» (*Introductoria Artis demonstrativae*).

Este tipo de demostración tiene en común con la deductiva (*propter quid*) el estar centrada en la *pasión* del sujeto antes (o al margen) de la acción, lo que en el esquema correlativo se corresponde con el término paciente (*-bilis*). En cambio, para Llull, una demostración basada en la equiparación y equivalencia de los actos de las razones divinas sería superior, ya que se centra en el sujeto potencial o agente (*-tivus* o *-ans*). Al fundarse en principios aceptables para todos, esta demostración sería válida en cualquier ciencia.

Es posible que Llull llegara a descubrir, de forma independiente, el elemento característico de la filosofía de Tomás de Aquino: la reflexión sobre el *acto de ser*. En este sentido, la reflexión de Llull podría ilustrar lo ya dicho acerca de que la esencia hace necesariamente relación a la materia y la forma, pero no es un compuesto de ambas (pues entonces sería un ser). En todo ser, en cuanto compuesto de esencia y acto de ser, hay *de algún modo* una relación entre tres elementos: materia y forma en la esencia, más acto de ser en cuanto principio de individuación de la esencia.

Con *Art amativa* se enfrenta Llull directamente a quienes ven en la teoría y el entendimiento —la ciencia como un abstracto— el máximo a que puede aspirar el ser humano. Llull considera que el objeto del entendimiento humano (en último término las dignidades divinas y Dios mismo) no es un ser abstracto. Las dignidades se distinguen, pero son una misma cosa en Dios, de modo que la búsqueda de la verdad consiste en la búsqueda de un ser personal, y exige a la persona humana —donde las facultades y el propio entendimiento están al servicio de la vida— emplear todas sus potencias en su relación con Dios. Reaparecen aquí con fuerza la *Shemá Is-rael* como mandamiento básico y la figura del amado cantada ya en el *Libre d'amic e amat*.

Conocemos relativamente bien las vicisitudes vitales de Llull y su pensamiento. Pero, ¿sabemos siquiera algo sobre su aspecto físico? Entre 1309 y 1311, comenzó Tomás Le Myèsier, con consentimiento de Llull, cuatro selecciones de obras de su maestro. La Biblioteca de Karlsruhe conserva un manuscrito llamado Códex de San Pedro, por proceder de ese monasterio de la Selva Negra, de la tercera (*Electorium parvum* o *breviculum*), compuesto por 61 pergaminos, de los que se conservan 44 (el *Electorium magnum* constaba de 560). La obra contiene doce dibujos miniados en los obradores de París por encargo de la reina Juana de Navarra hacia 1325, que ilustran la vida de Llull. Se trata de las únicas imágenes fiables que tenemos del viajero mallorquín.

La primera imagen, sobre las *visiones* y las peregrinaciones a Rocamadour y Santiago, presenta a un Llull ya medio calvo, pero aún ataviado de ricas vestiduras. En la segunda lo vemos vestirse, tras el sermón en la fiesta de San Francisco, con un hábito pardo debajo del cual no hay más que un jubón blanco, medias marrones y zapatos de hebilla. En la miniatura sobre el maestro de árabe, viste sobre el hábito —que a su vez cubre a una camisa igualmente parda— una túnica de tono más oscuro, con forro blanco; y aparece ya con una incipiente barba, mucho menos poblada, sin embargo, que la del moro. En la lámina que presenta la ilustración de Randa, el encuentro con el pastor y la enseñanza del Arte en

152

París, aparece un nuevo elemento en su vestuario, tapando discretamente su notable calva: un solideo que tiene el mismo tono oscuro de su capa y, por todo adorno, un borde en el mismo color blanco del forro de la capa.

Al largo pelo cano de la nuca se añade una abundante barba, tan larga como el resto de la cara, a partir de la quinta miniatura, donde Llull aparece junto a dos escaleras que representan su sistema. En la sexta viñeta —que representa a Aristóteles y Averroes conduciendo sendos carros al asalto de la fortaleza del error— no aparece Llull. En la séptima, vemos a Llull al frente de su propio carro, guiando con su mano izquierda —mientras empuña una lanza en la diestra— el corcel blanco con arneses dorados que lo arrastra. De la misma guisa —si bien con una rodilla en tierra, el solideo en la otra, y la barba más crecida— lo veremos en la octava miniatura presentar sus súplicas al Papa y al rey de Francia.

Nada nuevo aportan las tres siguientes miniaturas, que nos relatan sus viajes. En la última, Llull, ya anciano, tiene que apoyar su brazo izquierdo en una muleta, y la mano izquierda en el hombro de Myèsier, que presenta sus obras a la reina de Francia (en este caso, mientras que su amigo sí va descubierto, Llull lleva el solideo, quizá por la sencilla razón de no poder quitárselo sin sentarse para desocupar sus manos). Los ojos de Llull debían aparecer hundidos en las cuencas —con marcados pómulos, bajo una frente despejada y amplia—, y si bien su estatura en algunos casos parece elevada, no debía serlo tanto como para llamar la atención. De seguro los rasgos más llamativos eran su larga barba y la también larga aunque escasa cabellera, ambas desarregladas en contraste con otros personajes, como el mismo Myèsier, cuyo rubio pelo aparece peinado en rulos.

Ya vimos que Llull siguió de cerca el nombramiento de Ramon Gaufredi al frente de los franciscanos en mayo de 1289. El nuevo ministro general trató de acercarse a los llamados *espirituales* —que querían seguir a rajatabla la pobreza de San Francisco, pero cuyo misticismo y escasa atención al estudio podía hacerles derivar hacia posiciones excesivamente carismáticas—, representados por Pedro Juan Olivi y Angelo Clareno. Éste fue enviado por unos años con un grupo de franciscanos a Asia menor, atendiendo a una petición del rey de Armenia, Hetum II.

Un mes antes de la elección de Gaufredi había caído en poder de los abásidas egipcios Trípoli, capital del último condado latino existente en Tierra Santa: el puerto de San Juan de Acre quedó como único dominio latino. Aunque existieron intentos de enviar ayuda al modo de las cruzadas, eran compatibles con el auge de los contactos comerciales con los nuevos señores, y así un genovés que llegará a hacer amistad con Llull, Alberto Spinola, se encontraba en El Cairo en diciembre de 1289 al frente de una delegación de su república para negociar un tratado comercial.

En este contexto, el deseo de Llull de fomentar la creación de colegios donde se enseñara el árabe (y otras lenguas como el tártaro) se ve desbordado por la realidad. La reacción del mallorquín es la de emprender, aunque sea en solitario, el último eslabón que faltaba en la cadena: la predicación a los musulmanes. El 26 de octubre de 1290, obtiene de Ramon Gaufredi una carta de recomendación que elogia su persona y su enseñanza, en la que pide a los ministros de las provincias franciscanas de Apulia, Génova y Siria que acojan en sus conventos a Llull y le permitan explicar el Arte. Antes que nada, Llull se dirigió a Roma, para obtener del Papa la aprobación de sus proyectos, y de camino pasó por Génova. Si su carta a los gobernantes de Venecia no parece haber tenido respuesta, en cambio Llull hará fortuna en la república rival. Sus contactos con los dirigentes de la capital ligur están documentados por lo que hace a Cristiano y Parceval Spinola.

El filósofo viajero no tiene ya tiempo para proponer en Roma la fundación de monasterios para la enseñanza de lenguas: ahora se trata de salvar lo que queda de los dominios latinos en Tierra Santa y organizar la predicación. En consecuencia, Llull dirige a Nicolás IV una carta de súplica en la que no se anda con rodeos, pues la titula *Cómo puede recuperarse Tierra Santa* (*Quomodo Terra Sancta recuperari potest*) y un *Tratado sobre cómo convertir infieles* (*Tractatus de modo convertendi infideles*). Por primera vez, la misión aparece precedida de la cruzada: en concreto aconseja un bloqueo marítimo de Egipto y la conquista de Granada. Llull personalmente no se involucra en la guerra, sino en la predicación, y aprovecha su estancia en Génova para traducir *Ars inventiva veritatis* al árabe.

El optimismo de Llull iba a sufrir reveses aún más severos que los de su primer viaje a Italia y Francia. Llegado a Roma a fines de 1290, año en que se fechan tres escritos suyos dedicados a la Virgen María

(*Libre de sancta Maria*, *Hores de nostra Dona sancta Maria* y *Plant de nostra Dona sancta Maria*), Llull abandonó la capital de la cristiandad un año más tarde con las manos vacías. Su plan de *recuperación* de Tierra Santa se volvió casi imposible, al perder los latinos, en mayo de 1291, San Juan de Acre. En ese mismo año falleció Alfonso III de Aragón. Como vimos, en su afán por salvar Miramar, Llull había obtenido de este rey una subvención confirmada por su sucesor, Jaime II (de Aragón), para constatar al año siguiente que la desorganización había hecho estragos en la comunidad.

Llull pudo estar por tanto informado, en 1292, de que Miramar había dejado de ser lo que él había previsto. Nadie parecía creer en sus proyectos... Pero él sí creía. Había intentado infundir su mensaje en un grupo de frailes. La guerra echó todo a perder. Había intentado explicar el Arte a los intelectuales y convencer a los poderosos de que fundaran monasterios como Miramar. El racionalismo de los primeros y la indiferencia de los segundos lo echó todo a perder. ¿Y si intentara proponer, sin más dilaciones, su mensaje a los musulmanes?

En Génova buscó Llull la oportunidad de embarcarse hacia la capital del África noroccidental musulmana, Túnez. En la ciudad se hizo famoso el hombre portador de «cierta ciencia para la conversión de los infieles recibida de Dios en una montaña» (*Vita coetanea*, 20). La narración autobiográfica nos presenta a un Llull que, en la madrugada del día de su partida, se ve consolado (por Dios) con la vista de una multitud que acude, admirada, a despedirlo. Pero, en ese momento, se ve «probado» (también aquí el relator ve la mano de Dios, e incluso cita el libro de Job, 7, 18) «por una gran tribulación». La nave estaba lista para partir, cargada con los libros y demás enseres del filósofo mallorquín. Pero a éste «le vino como una cosa fija al pensamiento, a saber, que si pasaba a los sarracenos, éstos lo matarían nada más llegar, o que al menos lo cautivarían con prisión perpetua».

Ramon «temió por su piel, como un tiempo San Pedro en la pasión del Señor, y olvidando su propósito, con el que había determinado morir por Cristo convirtiendo a su culto a los infieles, se quedó en Génova, detenido por cierto temor pavoroso, abandonado en ese momento a sí mismo, porque el Señor lo permitió y dispuso, quizá para que no presumiera vanamente de sí». Ramon «cayó en total desesperación» al considerar que había traicionado a su ideal, a su Dios. Parece difícil imaginar un relato que acuse más cruelmente a Llull que el que él mismo dictó. Esta consideración «le produjo tan gran dolor de corazón que cayó gravemente enfermo, con el cuerpo enfebrecido, y quedó así enfermo en Génova por largo tiempo, sin manifestar a nadie la causa de su dolor, hasta el punto de quedar reducido a casi nada».

Desesperar es dejar de creer en la capacidad de Dios de salvar al hombre. Apenas cabe imaginar pecado más grave para un cristiano. La comparación que el mismo Llull parece haber hecho entre su falta de decisión y la traición de Pedro es interesante. El pecado de Pedro fue sin duda más grave —tres veces negó a su maestro— que el supuestamente cometido por Llull. Pedro había sentido miedo al menos en otra ocasión: cuando pidió a Jesús que le mandara ir hacia él sobre las aguas (*Mateo* 14, 22-36). Al sentir miedo, según el relato evangélico, comenzó a hundirse. Entonces pidió a Jesús que le salvara. Después de la Pasión, sería el mismo Jesús resucitado quien exigiría a Pedro que manifestara expresamente tres veces que le amaba «más que éstos» (los otros apóstoles, *Juan* 21, 15).

La triple confesión que Cristo exigió de Pedro no tenía como fin simplemente *curarle* de la bravuconería con que había afirmado estar dispuesto a morir por su maestro. Jesús le confirmó entonces, por tres veces, como jefe de sus apóstoles, a los que iba a dar el poder de perdonar los pecados. Del mismo modo, al salvarle de morir ahogado, Jesús probablemente no pretendió sólo hacer ver a Pedro que su petición previa de un milagro para mantenerle sobre las aguas era una temeridad. Lo importante era confirmarle en la verdad del saludo que les había dirigido mientras luchaban contra las olas: «¡Ánimo!, soy Yo. No temáis». Dios es quien salva, y puede salvar siempre. De ahí el reproche final de Jesús: «Hombre de poca fe, ¿por qué has dudado?»

Antes de continuar el relato para ver qué sucedió con la «total desesperación» en que Llull dice haber caído, me parece interesante dar un punto de vista acerca del suceso que la *provocó*. Puesto que Llull se declaraba católico, es lógico que nos preguntemos si su autoacusación de haber traicionado a Jesucristo se corresponde con los *cánones* de la teología católica. Ésta elogia el deseo de imitar la virtud de los mártires que, obligados a elegir entre salvar la vida pecando y perderla confesando su fe, eligen lo segundo. Ahora bien, este *deseo del martirio* debe diferenciarse —según estos cánones— de la temeridad de quien se expone a un peligro innecesario o excesivo.

Como vimos en *Libre de contemplació*, Llull reconoce que en su relato exagera sus propios vicios y virtudes. Es una consecuencia comprensible de su temperamento emotivo e impetuoso. El hecho de que no subiera al barco en Génova puede interpretarse como una decisión completamente razonable. O como una prudente decisión ante la duda. Puede pensarse que los nervios le jugaron una mala pasada. Interpretarlo como una *traición* resulta, si se quiere, más dramático y literariamente más plástico, porque permite una metafórica comparación con lo sucedido a San Pedro. Pero es difícil no ver en ello cierta dosis de exageración.

Probablemente ningún mortal dispondrá de elementos para juzgar con objetividad la decisión de Llull. Lo cierto es que la interpretación —probablemente exagerada— que él mismo hizo le sumió en una depresión. Y esta depresión le llevó *casi* a desesperar: él califica de «total» su desesperación. Sin quitar gravedad a su situación —y a su enfermedad—, algo nos indica que no está hablando de una desesperación suicida al estilo de la de Judas: Llull —su confianza en sí mismo y quizá en Dios— quedó reducido a «*casi* nada».

¿Qué podía hacer Llull en tales circunstancias? Quizá algo aparentemente sencillo: hablar. El silencio no podía sino empeorar su situación. Si pensaba que había cometido una grave traición, tenía obligación de confesarla. Puesto que era una persona piadosa —y suficientemente inteligente—, acostumbrada a percibir la necesidad de confesar un pecado grave, ésta es una pista que nos indica que la comparación con la traición de Pedro se parece mucho a una licencia literaria. Si desesperó sólo de su capacidad para cumplir lo que se había propuesto, muy probablemente ello no constituía en sí mismo un pecado mortal. Al fin y al cabo era un anciano que pretendía enfrentarse en solitario a todo un mundo hostil.

DE LA PRUEBA A LA *TAULA*

El 8 de mayo de 1293, fiesta de Pentecostés, un Llull sumido en la peor crisis de su vida se encuentra a las puertas de la muerte. Su esposa había muerto hacia 1290: Llull dará constancia del hecho en 1294, y por tanto, es posible que ya lo conociera en Génova, incluso antes del intento de embarque fallido. Sintiéndose solo y derrotado, pidió que lo llevaran a la iglesia de los dominicos. Al oír cantar el himno *Veni creator Spiritus*, «gimiendo se dijo: ¡Ah! ¿Acaso me podrá salvar este Espíritu Santo? Y así, débil, habiendo sido transportado al dormitorio de los hermanos, allí mismo se echó sobre una cama, y mientras así, jadeando, miraba hacia arriba» pidió perdón a Dios, y en el techo de la habitación vio una pequeña luz y oyó cómo una voz le decía que sí se podía salvar. Acto seguido, Ramon pidió a los frailes que le vistieran el hábito de Santo Domingo, algo que «los hermanos no osaron hacer, por hallarse ausente el prior» (*Vita coetanea*, 21).

Llull regresó «a su posada», donde se puso a considerar que los franciscanos habían aceptado mejor que los dominicos el Arte, y «esperando que dichos frailes menores promovieran más eficazmente dicha Arte en honor del Señor Jesucristo y en provecho de su Iglesia, pensó que, en lugar de en la orden de Santo Domingo, ingresaría en la de San Francisco. Entonces vio junto a sí, en la pared, «una cuerda o cíngulo» franciscano. «Por espacio de una hora, o algo menos, fue consolado por esta visión» hasta que, mirando hacia arriba, vio la misma luz que había visto en el convento de los dominicos, y la misma voz le dijo, «en tono casi amenazador: ¿no te he dicho que sólo en la orden de predicadores te podrás salvar? Tú verás lo que haces» (*Vita coetanea*, 22).

Llull se angustió, pensando que si no entraba en la orden franciscana «sus libros se perderían», y tras larga deliberación tomó una decisión que el redactor de su vida califica de «super admirable»: la de pedir el hábito de San Francisco «no obstante la palabra de la estela», pues más valía «que se condenara él solo a que se perdiera totalmente aquella Arte por la cual muchos podrían salvarse». Los franciscanos prometieron vestirle el hábito en cuanto estuviera próximo a morir (*Vita coetanea*, 23).

Ramon, pues, a pesar de desesperar de que Dios le quisiera salvar, quiso «confesarse superficialmente, con tal de no pasar por herético ante los hermanos o ante el pueblo, así como hacer testamento, cosa que también hizo». El sacerdote le llevó la comunión (como viático de moribundo) y Llull sintió «como si, por impulso de la mano de algún hombre, su cara, que hasta entonces tenía recta, se girara hacia la derecha», mientras desde la izquierda, la hostia que le ofrecían le hablaba: «tendrás la pena correspondiente si así como estás me quieres recibir». Llull quiso comulgar para evitar que, no haciéndolo, «por la mala fama de él, el Arte que había sido revelada para honor de Dios y salvación de muchos, se perdiera»; y entonces sintió «como si una mano de hombre le volviera hacia la derecha la cabeza, que aún tenía girada» (hacia la izquierda). Besó los pies del sacerdote y comulgó para que «al menos, bajo esa devoción fingida, salvara su Arte».

El redactor hace un nuevo comentario de asombro: «¡Oh admirable tentación, o mejor dicho, como parece, dispensación de la prueba divina!», que compara al sacrificio de Abraham, que «confió en Dios contra toda esperanza» (*Romanos*, 4, 18). Tras interpretar todo el suceso como una prueba de que Llull «amaba a su prójimo más que a sí mismo» (*Vita coetanea*, 24), el amanuense de la versión latina —probablemente un cartujo de Vauvert— presenta al filósofo que se entera de que una galera «se aparejaba para ir a Túnez», y pasa del lecho al barco «como despertándose de un sueño profundo y alegrándose mucho».

Libros y viajero salieron del barco esta vez «contra su voluntad y con gran dolor» de Llull, por fuerza de sus amigos, que lo veían aún «a las puertas de la muerte». Pero, al aparejarse «otra nave de las que los genoveses llaman barcas poco después» con el mismo destino, se hizo transportar «con sus libros y demás enseres, contra la voluntad y los consejos de sus amigos, y en cuanto los marineros, saliendo de puerto, comenzaron a navegar, Ramon, juntamente con la salud de su cuerpo enfermo, recobró súbitamente, alegre en el Señor por una misericordiosa ilustración del Espíritu Santo, la esperanza de conciencia, la cual había creído haber perdido, hasta tal punto que al cabo de dos días, con admiración de todos los que venían con él y de él mismo, se sintió en tan buen estado de pensamiento y de cuerpo, como antes no lo había estado en toda su vida pasada» (*Vita coetanea*, 25).

Me parece que estas citas de la *Vita coetanea* convienen para relatar lo sucedido en Génova por dos motivos: el primero porque se trata de sucesos tan extraños que, si los relatara sin citas literales, podría parecer al lector que he dejado volar mi imaginación más allá de todo límite. En segundo lugar, porque me parece que el relato muestra las dotes trovadorescas de Ramon Llull: no resulta difícil ver en él la huella de afectuosas tertulias en las que el viajero, al reencontrarse en París —cuatro años después de los sucesos— con Tomás Le Myèsier y sus amigos de la cartuja de Vauvert, relataría con profusión de detalles, gestos y tonos de voz, sus experiencias. La redacción (1311) mantiene la frescura por distar *sólo* 18 años de estos sucesos (frente al casi medio siglo que la separa de la *conversión* de Llull).

Precisamente porque Llull pudo revestir de carga emotiva lo que le sucedió en Génova, parece más urgente que nunca la pregunta sobre qué *núcleo* de verdad pueda haber en el relato. Por muy buena voluntad que pongamos para admitir sin prejuicios el testimonio de Llull, ¿no hemos llegado ya aquí a un límite intolerable? La mayoría de los autores hace jugar, como mínimo, un papel decisivo a la *imaginación* de Llull en la reconstrucción de los sucesos. Los más benévolos saltan como sobre ascuas sin mentar los elementos sobrenaturales. Batllori habla de una «crisis psicopática ansiosa en la que el fondo de su espíritu se proyectará —tal como hemos visto en su conversión y en la iluminación de Randa— en imágenes externas que aumentarán aún más su angustia interior».

¿A qué enfermedad podría deberse tal crisis, y qué síntomas podrían delatarla? En Palma y Randa, Llull gozaba de buena salud física: las *alucinaciones* podrían provenir sólo de una enfermedad mental. En cambio, en Génova se hallaba sumido en una depresión: en este caso podría haber tenido, además, delirios derivados de esta enfermedad. ¿Encontramos en Llull síntomas comparables a los de alguna de estas enfermedades? Podría haber alucinaciones visuales elementales (donde se contemplan seres que pueden existir: Palma y Génova) acompañadas en un caso (Génova) de alucinaciones acústicas o auditivas complejas (voces) y cinestésicas (movimiento de la cara).

En Randa, Llull afirma haber recibido conceptos, o en todo caso no hay rastro de que sufriera alteraciones de la sensibilidad. Así que aquí, para encontrar la enfermedad, tendríamos que inventarnos los síntomas: alteraciones de la sensibilidad interna o ideas delirantes secundarias a una alucinación. Puesto que ni unos ni otros son descritos por el único testigo, parece más sencillo dejar el dilema, como hasta ahora, en la posibilidad de que sencillamente descubriera esos conceptos por su propia cuenta (con la variante de que, movido por su religiosidad, adjudicara el hallazgo a una inspiración —que no revelación— del Espíritu Santo) o de que realmente hubiera recibido *ciencia infusa*, suponiendo que se admita tal posibilidad.

Sólo en dos casos, Palma y Génova, asegura Llull haber percibido objetos. Hay motivos para suponer que en Génova Llull pudo sufrir delirios, causados por una depresión, que afectaran a su capacidad de razonar o decidir en ese momento. Pero hay fenómenos que un simple delirio difícilmente explica: en particular las voces, por ser sensaciones complejas con causa externa.

En Palma, no había habido tal depresión, de modo que la percepción de objetos, al menos hipotéticamente, podría haberse debido a otra enfermedad psíquica, como una esquizofrenia causante de alucinaciones. Las alucinaciones tienen de común con los delirios el producirse en estados en que la conciencia tiene escasa nitidez. Llull, sin embargo, recordó siempre lo sucedido, y en ningún momento reconoce haber perdido el contacto con la realidad. Según él, las *alucinaciones* no anularon, ni siquiera forzaron a su voluntad. Una de las *pruebas* que podría presentar son sus libros, ninguno de los cuales lo escribió en estado de *trance* o rechazó posteriormente, como si se hubiera visto forzado a escribirlo. La cuestión de establecer un diagnóstico *objetivo* al margen de la credibilidad del personaje se complica.

Juan José López-Ibor Aliño afirma, acerca de la verdad en psiquiatría, que la investigación con neuroimagen confirma que las alucinaciones son sensorialmente *verdaderas*: «cuando una persona con esquizofrenia oye voces, se activa la corteza cerebral auditiva de la misma manera que lo hace en cualquiera de nosotros escuchando a una persona que habla. Son voces como otra voz cualquiera». Si *sospechamos* encontrarnos ante un caso de alucinaciones (y de esquizofrenia), hemos de renunciar a un esquema de verdad-mentira, que nos llevaría a *sospechar* que el paciente miente.

El esquizofrénico no miente, ni siquiera está equivocado en el sentido ordinario, pues se trata de un error difícil, si no imposible, de identificar. Para el autor antes citado, la clave para descubrir la enfermedad está en desenmascarar la falta de libertad: lo que el paciente oye «son voces, como las que oye cuando le hablan, las oye de verdad. No son sin embargo verdad ya que se imponen coercitivamente, encierran al enfermo en su autismo y le impiden su desarrollo, su evolución personal. Son voces que impiden la libertad, la relación interpersonal y encontrar el sentido de la propia vida».

El paciente con esquizofrenia paranoica (parafrenia) se preocupa por una o más ideas delirantes o alucinaciones frecuentes, su lenguaje no está desorganizado, pero se siente perseguido. Además de las alucinaciones propias de este tipo, los síntomas genéricos de esquizofrenia son autismo, falta de afectividad, imprevisibilidad o ambivalencia de las reacciones y falta de lógica en las ideas. El análisis psiquiátrico no da pie para encontrar rastros de alucinaciones graves en el caso de Palma. Más difícil es aún que una enfermedad cuyo único síntoma son las alucinaciones permanezca latente treinta años. Si, por este motivo, concluimos que no hay relación patológica entre Palma y Génova, y la depresión no explica la complejidad de los fenómenos sucedidos en la ciudad italiana, cabe preguntarse si no fue entonces cuando surgió la esquizofrenia.

Si bien las circunstancias de Palma y Génova son distintas, la dificultad para calificar lo sucedido de alucinaciones esquizofrénicas, ateniéndonos a los síntomas, es la misma: la hipotética enfermedad no dejará rastro. Es precisamente el trabajo siguiente a los sucesos de Palma y Génova lo que hace más difícil suponer que Llull fuera esquizofrénico. Y lo más incoherente es achacar ese mismo trabajo a las alucinaciones: la esquizofrenia es una enfermedad que impide trabajar con normalidad, y no que fuerza a hacerlo frenéticamente.

Si se quiere admitir la posibilidad de que tales fenómenos fueran visiones sobrenaturales, y puesto que es lo que Llull afirmó, pienso que convendría saber qué dice al respecto la teología católica. Las visiones no son —en esta perspectiva— un fenómeno *escandaloso*, pues si un cuerpo enfermo puede producir sensaciones *extraordinarias*, no menos puede producirlas un Dios omnipotente que a diario realiza el milagro de convertir pan y vino en su propio cuerpo y sangre.

Pero los fenómenos extraordinarios no son subjetivamente necesarios (nadie *necesita* ver visiones: de lo contrario, Dios estaría obligado a realizarlas). Además, Dios respeta la libertad del hombre: no puede emplear medios coercitivos para animarle a hacer el bien. En cambio, el diablo —cuya existencia y capacidad de actuar admite la teología católica— también puede provocar visiones, y no tiene ningún respeto hacia la libertad humana, aunque no puede anularla. De modo que se recomienda examinar con prudencia los fenómenos extraordinarios, pues, bajo una apariencia semejante, pueden tener origen diverso. (Dios y el diablo no son los únicos seres sobrenaturales que pueden provocar visiones, pero para simplificar me referiré a las visiones como *procedentes* de uno u otro.)

Dios tolera que el diablo tiente al hombre porque confía en que, en lugar de hacer el mal al que le incita el diablo, hará el bien opuesto. Por eso la expresión de que Dios *tienta* o *somete* a pruebas al hombre es inexacta: la vida de cada hombre sobre la tierra es un tiempo de prueba, pero quien tienta es el diablo (o el desorden introducido en la naturaleza humana tras el pecado: *el mundo* y *la carne*). La teología católica considera *normal* que Dios someta (en ese sentido impropio) a las personas a las que ha elegido para tareas *extraordinarias* a pruebas *extraordinarias*. Aunque, *normalmente*, no es ése el fin de las apariciones.

Antes de la primera presunta visión genovesa, Llull creía saber que Dios le llamaba a difundir el Arte, pero había desesperado de poder cumplir esta misión. El fin de la prueba es fortalecer la esperanza de que la voluntad salvífica de Dios está unida con la vocación que Dios ha mostrado. Pero la prueba es un *intento* de romper esa unidad, tolerado por Dios para que, por el libre consentimiento de la persona, salga reforzada. En el caso de Llull, esa unidad está rota antes de producirse las visiones. Por tanto, el comienzo de la prueba debe ser anterior: cuando Llull estaba en plena euforia, dispuesto a embarcarse hacia Túnez. No en vano, en ese momento es cuando la *Vita* cita el ejemplo bíblico de Job.

Tras su supuesta cobardía, Llull reaccionó doliéndose por lo que consideraba traición. Aprendió la primera parte de la lección (no fiarse de sí mismo), pero parece que no la segunda (confiar en Dios). No obstante, no perdió totalmente la esperanza, y tras un período de enfermedad pidió perdón, poniéndose en disposición de aprender la parte más importante de la lección. Hubiera sido o no cobarde al no embarcar —es decir, tuviera o no que arrepentirse de ello en mayor o menor medida—, su actitud después de aquella primera prueba había empeorado las cosas: al menos en este punto sí debía corregirse. En la primera presunta visión de Génova Llull oyó que su salvación personal era posible, un mensaje que le animaba frente a la desesperación (la versión vernácula de la *Vita* añade ya entonces la recomendación de tomar el hábito dominico). Se trata de algo que concuerda con la doctrina católica, y Llull pensó que la presunta visión procedía de Dios.

A partir de aquí, la serie de visiones de Génova plantea un dilema. Si suponemos que la *Vita* describe literalmente lo sucedido, llegamos a una doble contradicción: por una parte la visión plantea un absurdo —es falsa y de origen diabólico—, y por otra parte Llull sigue creyendo que la visión viene de Dios y toma una decisión opuesta a su rumbo vital. Ambas contradicciones desaparecen si consideramos que el relato es *literario* y no *literal*. Ahora bien, para saber si estamos en lo cierto al hacer tal suposición, no tendremos más remedio que esperar a ver qué efectos tienen estos sucesos en la vida de Llull. Como dice el psiquiatra J. Lhermitte en su libro *Místicos y falsos místicos*, «lo que distingue absolutamente a las visiones de las alucinaciones son los efectos que se muestran en la vida del que las sufre».

La suposición de que el relato no responde literalmente a lo sucedido se puede basar en la advertencia de Llull sobre sus *exageraciones* relativas a sus propios defectos y virtudes. Son además manifiestas las *licencias literarias* —como la de adelantar a la primera visión la exigencia de tomar el hábito dominico— que se toma el traductor mallorquín de la *Vita*. Aparte quedan las posibles diferencias entre el texto latino de la *Vita* y el original relato oral. En todo caso, resulta imposible incluir dentro de lo que queda al libre arbitrio de los autores la existencia misma de los fenómenos inexplicables que Llull llama visiones.

Según la *letra* del relato, la segunda presunta visión, después de que Llull tomara —por su cuenta— la decisión de ingresar en una orden y luego cambiara de orden, pareció confirmarle en su decisión al mostrar el cíngulo franciscano, para a continuación *exigirle*, como condición para salvarse, tomar el hábito dominico. Llull afirma que personalmente tenía certeza de que el Arte era necesario para la salvación de muchas personas, y también tenía certeza de que el Arte se perdería si tomaba el hábito dominico.

Si *sólo* hacerse dominico pudiera salvar a Llull, la opción de hacerse franciscano sería causa de su condenación. Tal afirmación contradice el modo de obrar divino, pues no respeta la libertad humana: Dios puede advertir a un hombre de que lo que va a hacer *puede conllevar* su condenación, supuesto que ese fuera el último acto de su vida. Pero no hay acción humana que por sí misma excluya todo futuro arrepentimiento. Tomada al pie de la letra, esta segunda visión genovesa no podía ser más que una tentación diabólica que trataba de desesperar a un Llull que estaba recuperando la salud espiritual.

Clara exageración es considerar el Arte no sólo como un instrumento útil, sino necesario para la salvación de muchos. Si ninguna acción humana (en este caso aceptar la destrucción del Arte) implica automáticamente la propia condenación, aún menos puede *implicar necesariamente* la condenación de otros (de hecho, Llull no dice haber oído la palabra condenación), por muy escandalosa que sea: nadie puede *condenar* a otro. La salvación es personal y siempre posible mientras hay vida. Considerar el Arte luliano como algo necesario para la salvación equivale a una interpretación radical de la sentencia *extra Ecclesia, nulla salus* (fuera de la Iglesia no hay salvación). Su método para *hacer entrar en razón* a los musulmanes podía ser bueno. Pero si fuera *necesario* para la salvación, sustituiría a los medios —Jesucristo y la Iglesia— a los que quería servir. Y si esta sustitución fuera consciente, sería una herejía.

La segunda (presunta) visión, entendida como recomendación y no como exigencia radical, podía implicar por tanto otra verdad (además de la presunta conveniencia de hacerse dominico): la de que el Arte no era necesario para la salvación de nadie. Ser consciente de esta verdad podía además ayudar a Llull en su camino de salvación personal, al evitarle escrúpulos de conciencia innecesarios. Hay otros elementos que sugieren que la visión no debió ser categórica: la visión previa del cíngulo da a entender que ser franciscano es también algo bueno, y la voz («tú verás lo que haces») indica que ninguna decisión puede anular la libertad e implicar la condenación.

172

Observemos ahora la reacción de Llull tal como la presenta *literalmente* el relato. Nada obsta para ver en la luz y las voces de la iglesia de los dominicos un consuelo divino; como tampoco en la confortante visión del cíngulo franciscano, ya en su posada. El mensaje siguiente —a pesar de ser la misma luz y voz de la iglesia— tiene más tintes de tentación diabólica, a no ser que Llull exagerara al presenciar (por estar enfermo) o relatar (licencia literaria suya o del relator) dichos fenómenos. Por la razón que sea, Llull dice haber creído que Dios le pedía buscar su propia salvación (al hacerse dominico) y la condenación de muchos (al destruirse el Arte). Llull decidió desobedecer a Dios eligiendo la propia condenación (al hacerse franciscano) y la salvación de muchos (por conservarse el Arte).

Si Llull hubiera tomado esta decisión en medio de delirios o de otras limitaciones graves a su capacidad de razonar, no podríamos hacerle responsable de lo sucedido. Pero esto contradice su testimonio, ya que él consideró aquello como una prueba de la que salió airoso: de ella habría extraído las fuerzas para continuar con su misión.

Pienso que es necesario admitir que lo que la *Vita* presenta como certezas son en realidad dudas: o bien la exigencia acerca del hábito que había de adoptar no era taxativa y así lo entendió Llull, o en la medida en que fuera taxativa también comprendió Llull que no podía ser una exigencia divina. Si no admitiéramos la exageración, habría que concluir que un sexagenario deprimido, que hasta ese momento decía servir a una voluntad ajena, es capaz de sacar fuerzas de flaqueza, empeñándose en

173

una empresa que a partir de ese momento contradice la voluntad de quien era su amo, y para colmo engaña a todos haciendo creer que sigue cumpliendo una misión divina, hasta que por fin confiesa al redactar la *Vita* que todo es una patraña, y aún así se queda como unas pascuas, sin arrepentirse un punto...

Parece que Llull no se vio confirmado en lo correcto de su elección hasta después de embarcar, pero que en ningún momento entendió tal decisión como opuesta a la voluntad de Dios. Eligió lo mejor entre las opciones poco claras que le presentaban unas poco claras visiones. Por lo demás, Llull no se hizo franciscano, aunque una tradición piadosa supone que fue terciario de esta orden.

No se trataba de elegir la condenación de uno como mal menor frente a la condenación de muchos: la condenación eterna de un alma (como cualquier pecado) es siempre un mal mayor inadmisible y sobre el que no puede existir certeza. La salvación de una sola alma es un bien en cierto modo infinito, sólo superado *en cierto modo* por la salvación de más de un alma. En la medida en que el segundo bien es excelente respecto al primero, es preferible elegir un mal menor (pero no intolerable: el riesgo de la condenación de uno) frente a un mal mayor (tampoco intolerable: el riesgo de la condenación de más de uno). El dilema al que se vio sometido Llull, el de arriesgar la propia salvación, no es por lo demás nuevo en la espiritualidad cristiana. San Pablo expresa la misma paradoja: «yo mismo pediría a Dios ser anatema de Cristo en bien de mis hermanos, consanguíneos míos según la carne» (*Romanos* 9, 3).

174

El redactor de la *Vita* no nos dice cuánto tiempo pasó entre estos sucesos y el momento en que Llull abordó la galera en la que intentaría salir hacia Túnez. Se contenta con llamar «admirable» o «prueba divina» a la tentación. Si con la visión de Randa Llull había comprendido lo que valía la salvación de las almas —la sangre de Cristo—, en Génova se había identificado (al menos virtualmente) en el martirio con Cristo, que «nos rescató de la maldición de la Ley, haciéndose por nosotros objeto de maldición» (*Gálatas* 3, 13). Una maldición que significa la pérdida de todo poder o don terrenal, hasta llegar *casi* a la condenación eterna: hasta correr el riesgo.

Carece, pues, de relevancia preguntarse si las presuntas visiones *venían* de Dios o del diablo: el primero toleraría la prueba deseando que Llull se inclinara hacia el *lado bueno*; y el segundo la llevaría a cabo buscando lo contrario. El resultado de la prueba fue comprender que Dios, al «que no conoció pecado, lo hizo pecado por nosotros, para que llegásemos a ser en él justicia» (*2 Corintios* 5, 21). Que Dios pedía a Llull empeñar todo su ser en la misión que había recibido, corriendo el *riesgo* de la propia condenación: el riesgo de traicionar su misión antes de emprenderla o durante su desarrollo. Recuperó la esperanza de que, incluso aunque pecara tan gravemente como pensó que lo había hecho al echarse atrás en Génova, Dios le daría siempre nuevas oportunidades...

El efecto de la crisis sobre Llull fue positivo: animarle a proseguir su misión sobreponiéndose a toda fatiga. Su confianza en el Arte no disminuyó un punto. Valía más la pena difundirlo como instrumento de salvación para muchos, aun arriesgando la propia salvación, que su contrario: renunciar a difundirlo a cambio de tener más garantías de salvación personal. En caso de que tal confianza fuera excesiva (y no una mera exageración retórica), habría sido un error *inconsciente*, lo cual no deja de ser una paradoja en persona con tales capacidades intelectuales. No se puede calificar a Llull de hereje, porque hereje es el que niega una verdad, y Llull ignoraba su error, suponiendo que estuviera formalmente en un error. El sentido del extra *Ecclesia nulla salus* lo precisaría la Iglesia católica mucho más tarde. Y, puesto que las cosas se entienden en su contexto, es razonable pensar que Llull habría aceptado esa precisión, en caso de conocerla, pues deseaba formar parte de la Iglesia: la ignorancia inculpable no es una excusa, sino un auténtico eximente.

Dejemos la teología católica para volver al barco en que Llull se dirigía hacia Túnez, pleno de vitalidad corporal y espiritual. No había hecho ningún plan de viaje, ni de predicación, salvo el de dirigirse a los que mejor pudieran entender su mensaje, los «ilustrados» de que habló en *Libre de contemplació*. Llegados a puerto, marcha con sus compañeros de viaje a la ciudad y sin más preámbulo se pone a buscar interlocutores: se presenta como experto en la religión cristiana, pero no tanto en la musulmana, de la que conocía «la fe y fundamentos», pero quería «saber» más, de modo que «si se encontraba que aquella fuese mejor que la de los cristianos, podrían tener por cierto que se haría moro».

El trovador ha hecho un desafío en toda regla para un *joc partit*: en realidad, mucho más respetuoso, pues no se compromete a llevar la contraria, sino a buscar la verdad, y dejarse convencer si es preciso... *Si es preciso*: Llull no busca la condenación, pero admite el riesgo. Abandonar la fe es un pecado gravísimo. Ponerla en peligro sin necesidad también lo es. Pero ponerla en peligro cuando de esa forma hay más probabilidades de un bien mayor, no sólo no es un pecado, sino que puede ser meritorio y hasta obligado... sin que por ello deje de ser arriesgado: Llull necesitaba realmente aprender lo que significa estar en peligro de condenación —la prueba de Génova— antes de afrontar los peligros de la predicación.

Los intelectuales tunecinos aceptan el reto con entusiasmo: «venían a él cada día más y más sabios en la ley de Mahoma, mostrándole las razones de su ley, para convertirlo así a su secta. Y él, dando respuesta satisfactoria sin dificultad a sus razones, les dijo así: la fe y creencia que conviene que todo hombre sabio y letrado mantenga es la que atribuye a la majestad divina, la cual todos y cada uno de vosotros cree y reconoce, mayor honor, bondad, poder, gloria y perfección, y todas estas cosas en la máxima igualdad y concordancia; y asimismo debe ser mantenida y exaltada aquella fe y creencia que entre nuestro señor Dios, que es la suma y primera Causa, y su efecto, ponga la mayor concordancia y conveniencia. Pero como vosotros atribuís esos actos a sólo dos dignidades o razones divinas, por lo que veo, es decir, a la sabiduría y la voluntad, resulta manifiesto que vosotros consideráis ociosas las demás mencionadas razones divinas (a saber: bondad, grandeza, etc.), y en consecuencia ponéis también desigualdad y diferencia entre ellas, lo que no se puede hacer.

Porque por los actos substanciales intrínsecos y eternos de las antedichas dignidades, razones o atributos, tomados en igualdad y concordancia como debe ser, los cristianos prueban con evidencia que en una simplicísima esencia y naturaleza divina hay trinidad de Personas, a saber, Padre, Hijo y Espíritu Santo» (*Vita coetanea*, 26).

Llull propuso a sus interlocutores demostrarles lo antedicho «con razones claras, por medio de un arte hace poco tiempo revelada por Dios, según creo, a un ermitaño cristiano, si es que vosotros queréis disputar sobre esto unos pocos días con espíritu tranquilo»: en concreto, les demostrará que la segunda Persona (de la Santísima Trinidad) «razonablemente lleva a sí unida la naturaleza humana» y en ella «muy razonablemente» ha sufrido pasión para redimir a los hombres del pecado. Comenzó, pues, Ramon, a predicar, hasta que un hombre, temeroso según el autor de la *Vita* de que ello llevara a la ruina de su religión, lo denunció al califa Abu-Hafs Omar I, hafsida que gobernó Túnez de 1284 a 1295.

El consejo del califa decidió por mayoría condenar a muerte al predicador, pero la condena fue revocada gracias a los argumentos de un consejero para quien «no sería honroso matar a tal hombre, que aunque se esforzaba por difundir su ley cristiana, parecía abundar en gran madurez de bondad y de prudencia»; amén de que tal acto implicaría condenar a pena semejante a los musulmanes que predicaran en tierras de cristianos. Llull, que ya había sido encarcelado, fue condenado a «destierro» so pena de lapidación si regresaba. Por si dudaba de lo serio de la amenaza, mientras le llevaban a «una nave de genoveses» que había de partir poco después, recibió «innumerables golpes, bofetadas y pedradas» (*Vita coetanea*, 27-28).

Túnez, situada en un istmo con dos lagos de agua salada a ambos lados y conectada por un canal con su puerto (Goleta), permaneció bajo dominio almohade hasta después de las Navas de Tolosa. En 1236 se convirtió en reino independiente, bajo la dinastía berebere de los hafsidas, inaugurada por Abu Zakariya. El imperio almohade —reducido a Marruecos— se extinguió en 1269 al tomar Marrakech los bereberes merinidas. Los hafsitas —que al oeste limitaban con los abdaluádidas de Tlemcen (Argelia), independizados de los almohades en 1239— se extendieron por el este hasta Trípoli.

La mezquita que Abu Zakariya construyó en la ciudadela de Túnez, y que quizá contempló Llull —lo mismo que la gran mezquita del Olivo—, existe aún hoy día. Tras la desaparición del califato de Bagdad (1258) al-Mustansir (1249-1279) adoptó el título de «emir de los creyentes» e incluso califa durante tres años (1259-1261), alcanzando el reino hafsida su máxima prosperidad comercial, documentada por sus tratados con las repúblicas de Venecia, Pisa y Génova. Su autoridad llegó a ser reconocida en El Cairo y La Meca. Contra Túnez organizó San Luis de Francia la octava cruzada, pero murió a las puertas de la ciudad (1270) y los tunecinos pagaron con un fuerte rescate la retirada de las tropas cristianas.

Probablemente a una discusión entre al-Mustansir y el dominico Ramon Martí se refiere Llull en *Liber de convenientia fidei et intellectus in objecto* (1309), asegurando que «yo encontré aquel religioso y sus compañeros, y hablé con ellos»: el religioso cristiano sabía árabe, pero no era diestro en «lógica y ciencias de la naturaleza». Con argumentos morales, «probó» a al-Mustansir que la fe musulmana era errónea. El monarca hafsida se mostró dispuesto a abandonar el Islam, pero pidió pruebas de que la religión católica fuera verdadera, añadiendo que si las recibía, se convertiría con todo su pueblo. El religioso, empero, dijo que la fe católica era tan sublime que no podía ser demostrada, y le conminó a aceptar el credo. Al-Mustansir replicó que lo propuesto era una mera afirmación sin prueba: «no quiero yo dejar de creer para creer, sino más bien dejar de creer para entender. Has obrado muy mal, pues que me quitaste la fe que tenía y ahora no soy ni cristiano, ni sarraceno, ni judío».

A la muerte de al-Mustansir, el sultanato tunecino quedó *de facto* dividido en ciudades-estado y tribus autónomas. La corona de Aragón aprovechó esta situación, que durará hasta 1317, para obtener de los debilitados sultanes ventajas comerciales. Desde el punto de vista intelectual, Túnez conservó el carácter de capital cultural del Islam. En cambio, en el plano estrictamente religioso, era más importante Kairuan. La perspectiva de dirigirse a un lugar cuyos gobernantes parecían particularmente cultivados y abiertos al exterior debió influir sin duda en Llull. En su caso, la discusión fue bien acogida por los intelectuales —si damos fe a su relato—, pero la autoridad política reaccionó de modo intolerante.

Con todo, Llull piensa haber puesto *una pica* en Túnez, pues, «había preparado a algunos barones de gran fama y a muchos otros para el bautismo», y pensaba que antes de partir podría llevar a cabo este propósito y evitar «que las almas que ya había preparado para el culto cristiano cayeran nuevamente en el lago de la condenación eterna». Temiendo que, si se iba, «todas esas almas se perderían», a escondidas, dejó la nave que salía y se trasladó a otra (seguramente de cristianos, y probablemente genoveses), donde esperó a encontrar «el lugar y tiempo para entrar en la ciudad para convertir a aquellas almas». No pudo, pues, arriesgarse a hacer turismo desplazándose unos kilómetros al norte de Goleta hasta Cartago, cuyas ruinas evocaban un pasado rico también en tradiciones cristianas. Le interesaban las piedras vivas de la Iglesia, algunas de las cuales, pensaba, podrían quedar plantadas en la populosa Túnez.

Había aprendido la lección y, a pesar de saber que «la turba de los sarracenos estaba ya preparada para matarlo, no temía afrontar los peligros de la muerte, con tal de poder así conseguir para las almas cualquier efecto de salvación». Casualmente, un cristiano que se le parecía en vestido y aspecto estuvo a punto de ser lapidado por la multitud: se salvó gritando a grandes voces «non sum ego Raymundus». No contentos, los celosos musulmanes, «investigando, supieron que Ramon estaba en la nave, y éste se escapó de sus manos», dice la *Vita*, sin precisar cómo fue la huida —aunque sí que habían pasado tres semanas (supuestamente en el barco)—, tras de lo cual sitúa a Llull en Nápoles, «donde leyó públicamente su Arte» (*Vita coetanea*, 29-30).

A partir de ahora disponemos de fechas más precisas, porque Llull empieza a firmar sus obras —fruto sin duda de la confirmación tras la prueba de Génova—: comenzó la *Taula general* en Túnez y la terminó en Nápoles en 13 de enero de 1294. Ignoramos sin embargo el lugar en que enseñó el Arte, pues su nombre no figura entre los maestros de la universidad napolitana, restaurada en 1266 por Carlos de Anjou. Como dato curioso puede anotarse que algunas fuentes musulmanas señalan un ataque «aragonés» a Túnez en 1294. Suponiendo que no tomen por tal la *incursión* de Llull, no debió tener relación con él, a no ser que alguien tratara de rescatarlo sin saber que ya estaba en Italia.

La sede papal estaba vacante desde la muerte de Nicolás IV el 4 de abril de 1292. Llull recibió en Nápoles la noticia de la elección del papa Celestino V, ocurrida el 5 de julio de 1294. En él vieron algunos franciscanos «espirituales» al «papa angélico» anunciado por Joaquín de Fiore (1155-1202). La elección fue más bien fruto de un compromiso en un colegio de cardenales dividido por motivos nacionales. La persona elegida, Pietro Morrone, un antiguo benedictino que había fundado una comunidad eremítica, se mostraría incapaz —a pesar de sus dotes como guía espiritual— de manejar la curia papal: nombrar a Carlos II guardián del cónclave y crear 12 cardenales del partido angevino fue todo cuanto hizo antes de dimitir. El 13 de diciembre, un nuevo cónclave elegía por unanimidad a Bonifacio VIII, con quien la tensión entre el papado y Felipe el Hermoso llegaría al máximo.

Llull seguía escribiendo libros en Nápoles —quizá se desplazó a L´Aquila, donde estaba la curia de Celestino V—, con un ritmo que ya no se frenará: nueve en 1294 (incluyendo la *Taula*), cuatro en 1295, 1296 y 1297, cinco en 1298, nueve en 1299, siete en 1300, tres en 1301, dos en 1302, cinco en 1303, once en 1304, cinco en 1305, uno en 1306, cuatro en 1307, ocho en 1308, catorce en 1309, trece en 1310, diecinueve en 1311, doce en 1312, treinta en 1313, dieciséis en 1314, siete en 1315... amén de 30 obras perdidas. Un ritmo de más de cinco libros por año entre 1294 y 1308, triplicado entre 1309 y 1315.

La primera obra importante es la citada *Taula general*, versión modernizada del Arte pensada para sus oyentes de Túnez. En la *Lectura super Artem inventivam et Tabulam generalem* (del mismo 1294) manifiesta su aprecio hacia ellos: «los infieles son hombres como nosotros y de nuestra misma naturaleza»; de modo semejante dirán en *Desconhort* (1295) que «no es necesario ir insultando a Mahoma continuamente». Para mantener el contacto con *su público*, en febrero de 1294 obtiene del rey Carlos II permiso para ir a Lucera —ciudad donde el emperador Federico II había concentrado a los musulmanes— «para hablar con los sarracenos acerca de la fe católica», y lo mismo hará en mayo con los musulmanes presos en Castel dell'Ovo. Entremedias parece haber informado al rey de que en Lucera se habían dado casos de cristianos convertidos al Islam.

La *Taula* es el ingenio más complicado en la serie de figuras que, a modo de calculadoras o reglas de cálculo inventó Llull en Túnez (1293) para animar a sus oyentes en la tarea de combinar conceptos. Para llegar a ella como quinta figura, habrá que explicar una cuarta y antes una tercera figura o artificio de que se sirve Llull para combinar las figuras A y T que ya conocemos. La figura A (que ahora llama Llull primera figura) representaba —en dos círculos concéntricos— con letras de la B a la K las dignidades divinas y los principios supremos de cuanto existe. La figura T (ahora llamada segunda figura) representaba —en tres triángulos concéntricos— las reglas comunes a todas las ciencias. Pues bien, la tercera figura combina las virtudes de la primera figura con los principios o reglas de la segunda, permitiendo «descender» de lo universal a lo particular.

La tercera figura combina nueve elementos (las letras de la B a la K) tomados de dos en dos sin repeticiones. Representada como una tabla de combinaciones, incluye 36 *cámaras* ($9 \times 9 = 81$, restando las repeticiones $81 - 9 = 72$, la mitad son permutaciones, por tanto $72/2 = 36$). En cada cámara, cada letra puede representar el significado que se le asigna en la primera figura (virtudes) o en la segunda (reglas). La tercera figura, por tanto, resume las anteriores al indicar los modos posibles de relacionar virtudes y reglas.

La cuarta figura es, desde el punto de vista gráfico, una vuelta de tuerca más: una combinación entre las (36) *cámaras* de la tercera figura y los nueve términos de las dos primeras figuras. Llull llama *columnas* a las celdas de tres letras, para distinguirlas de las de la tercera figura. Las repeticiones se doblan con respecto a la diagonal de repeticiones de la tercera figura, y cada variación restante puede agruparse con otras dos que son permutaciones suyas: quedan 84 columnas ($36 \times 9 = 324$, $36 \times 2 = 72$; $324 - 72 = 252$; $252 / 3 = 84$).

Parece que Llull podría introducir una quinta figura con celdas de cuatro letras. Pero no es así, ya que define la Taula como una serie de columnas, cuyo primer elemento son las *columnas* de la cuarta figura. Cada una de estas tríadas (*columnas*) encabeza una nueva *columna* de la Tabla, con combinaciones que incluyen *algunas* de las letras de la mencionada tríada, más una letra que es siempre la misma (T) y que señala un tipo de *operación* que va a servir para relacionar los términos designados por las letras.

La T separa las letras de la tríada en dos grupos (de una y dos letras), y determina su significado: el de las que queden a su izquierda, se ha de tomar de la primera figura (antigua A); y el de las que queden a su derecha, de la segunda. Las letras de la tríada pueden repetirse, en lados distintos de T. Una última combinación agrupa las tres letras a la derecha de T: hay 19 combinaciones para cada columna de la cuarta figura.

Llull podría continuar generando figuras de forma combinatoria, pero pone punto final con la Tabla, de la que he presentado el esqueleto, aunque no el funcionamiento. La combinatoria interesaba a Llull como método para ordenar las ideas, al servicio de la lógica. Y, la propia lógica, como vimos en su primera obra, le interesaba para hablar de Dios. Ahora el círculo se ha cerrado y Llull posee un instrumento del que dice que «sirve para comprender el significado de las letras y para aplicarla a las proposiciones, afirmando o negando, concordando principios y reglas y evitando su contrariedad».

La combinación no significa mezclar argumentos o acumularlos, sino hilvanarlos para conocer la verdad: «la investigación que se hace en la tabla está en un grado de significación de la verdad superior al de las otras figuras», dice en *Ars compendiosa*. Con la Tabla, llega Llull a la figura definitiva, en la que debería poder encuadrarse todo tipo de razonamiento combinatorio. De forma esquemática, esta figura es el resumen del Arte, por eso, «conocida la parte teórica de esta ciencia, esta sola figura es suficiente para la práctica» (*Taula general*).

TROVANDO EL ARTE
DE CORTE EN CORTE

La vida de Ramón Llull ha adquirido en Génova un rumbo definitivo, que mantendrá con mano firme hasta el final de sus días. La *cançó* que quería trovar ha adquirido ya tonos pulidos con la redacción de la *Taula*. Por supuesto, ello no significa que repita una y otra vez la misma cantilena, y mucho menos que sea indiferente a su público: pero no será el viento de la opinión lo que le mueva, sino la verdad que dice conocer y que desea compartir. Su actividad no será nunca rutinaria. Ha alcanzado una cumbre, y el ritmo con que descenderá de ella será acelerado, casi podría decirse que frenético: basta ver las cifras de su producción literaria.

En julio de 1294 Llull visitó Barcelona para resolver pleitos relativos a sus propiedades mallorquinas: al menos de facto aceptaba la autoridad del rey de Aragón y conde de Barcelona sobre la isla. Posiblemente pasó a continuación a Mallorca, pues dedica a su hijo el libro *Arbor philosophiae desideratae*: por esta dedicatoria sabemos que su esposa ya había fallecido: «Considera el fin, hijo, según tres modos, es decir, el fin que es privación de las cosas que eran y no son, como tu madre, que era y llegó a su fin». En Mallorca, Llull visitó a sus familiares y constató la ruina del proyecto de Miramar.

En enero de 1295, Llull sigue al nuevo papa Bonifacio VIII (que ese año había logrado que Aragón firmara la paz con Francia y sus aliados), con el fin de ganárselo para su causa, como trató de hacer con su efímero antecesor. Fracasa y se consuela escribiendo *Arbor scientiae* (terminado el 1 de abril de 1296), retomando las figuras de los árboles por ver si así se hace mejor entender. En la ficción literaria presenta a un ermitaño que anima a un Ramon «desconsolado y lloroso» porque sus libros «son poco apreciados, y os aseguro que muchas personas me consideran loco»: en el *Desconort* (1295) dirá que sus lectores pasan por ellos «como gato sobre las brasas». Camino de los 65 años, sus escritos parecen tan inútiles como lo fue Miramar o su intento de ganarse a príncipes y pontífices; sólo le queda «volver a tierras de sarracenos, para que pueda conducirles a la fe; voy sin temor a la muerte».

A pesar de todo, regresó a París, tras entrevistarse con Jaime II de Mallorca. Esta segunda estancia podemos datarla, gracias a sus obras, entre agosto de 1297 y julio de 1299. En el año de su llegada, Bonifacio VIII había canonizado a San Luis de Francia, el rey cruzado, y Llull pudo asistir a la exhumación solemne de sus reliquias en París, en agosto de 1298. En la capital francesa, Llull redactó una obra con la que responde a 50 preguntas de Tomás Le Myèsier y otra con la que demostraba saber escribir con el método académico (*Disputatio eremitae et Raymundi super aliquibus dubiis quaestionibus Sententiarum*

Magistri Petri Lombardi, 1298). Además, elaboró un nuevo resumen del Arte: *Ars compendiosa* (1299). Probablemente en la cartuja de Vauvert compuso *Arbre de filosofia d'amor* y donó a esta comunidad un volumen de la traducción latina de *Libre de contemplació*. Ya en este viaje escribió una obra contra los averroístas, comentando las proposiciones condenadas en 1277 por el obispo de París.

Desconocemos a qué público enseñó Llull su *Ars compendiosa*, pero podemos acercarnos a este texto para conocer el *funcionamiento* de la Tabla, cuya estructura ya conocemos. En primer lugar, es preciso explicar qué significa la letra (no figura) T, que acompaña a las letras (de la B a la K) cuyos significados serán los de la primera figura (antigua A) si están a la izquierda de T, y los de la segunda figura (antigua T) si están a la derecha. Aunque Llull dice que esta letra indica las *reglas* (la palabra puede inducir a confusión, ya que los términos de la figura T indicaban operaciones), en realidad designa diez tipos de preguntas (las dos últimas semejantes, por lo que el inicial número de diez se podrá reducir a nueve y coincidir con el de letras —de la B a la K— de las figuras primera y segunda).

Llull considera que los diez tipos de preguntas (*reglas*) de la letra T resumen toda pregunta científica posible. Asigna a estas preguntas una letra (de la B a la K: ésta última para las preguntas 9 y 10), pero también un número. Las letras le permitirán escribir un alfabeto mnemotécnico, de modo que con un vistazo a nueve letras se puedan aprender los significados de las figuras primera, segunda, y de la letra T. El alfabeto, pues, ayuda a pensar con rapidez, pero si no se sabe de memoria, puede inducir a mezclar figuras distintas. Éstas son las preguntas que se plantean con la letra T:

1 (B) *utrum*: ¿acaso? Pregunta por la posibilidad; incluye tres preguntas (Llull no numera estas subdivisiones —a las que llama *especies*—, aquí les pondré números romanos): I. Duda (¿es o no es?). II. Afirmación (¿es cierto que es?). III. Negación (¿es cierto que no es?).

2 (C) *quid*: ¿qué es? Pregunta por la definición de: I. La esencia (¿qué es?). II. Lo coesencial (*proprium*). III. ¿Qué es en otro? IV. ¿Qué tiene en otro?

3 (D) *de quo*: ¿de qué es? Pregunta por la materialidad: I. ¿De qué es? II. ¿De qué partes está compuesto? III. ¿De quién es?

4 (E) *quare*: ¿por qué? I. ¿Por qué existe? (¿Cuáles son sus partes esenciales?) II. ¿Por qué actúa? (¿Para qué, con qué finalidad?)

5 (F) *quantum*: ¿cuánto? I. ¿En qué medida? (Pregunta acerca de la simplicidad esencial.) II. ¿En qué número? (Pregunta sobre la composición.)

6 (G) *quale*: ¿qué cualidades tiene? I. ¿Cuál es su cualidad propia? (La del fuego es el calor, por ejemplo.) ¿Cuál es su cualidad apropiada (hábito)? (Sequedad, para la tierra.)

7 (H) *quando*: ¿cuándo? I. ¿Cuándo es su ser? II. ¿Cuándo tiene sus partes? III. ¿Cuándo es en otro? IV. ¿Cuándo tiene algo en otro?

8 (I) *ubi*: ¿dónde? I. ¿Dónde es coesencialmente? II. ¿Dónde es como parte de un todo? III. ¿Cuál es su posición (lugar)? IV. ¿Dónde es en otro (en su virtud o ser)?

9 (K) *quomodo*: ¿cómo? I. ¿Cómo es en sí? II. ¿Cómo es en otro? III. ¿Cómo es con otros en un todo y viceversa? IV. ¿Cómo transmite fuera de sí su similitud?

10 (K) *cum quo*: ¿con qué? (Mismas especies que la pregunta 9.)

Ahora ya estamos en disposiciones de comprender el alfabeto. Pero también de comprender a quienes critican a Llull por poner —en sus obras lógicas— *el carro delante de los bueyes.* Ello se deriva de su deseo de utilizar un método no basado en autoridades (*pedagógico*): comienza enunciando (sin siquiera explicarlo) el alfabeto, después las figuras y por último los ejemplos de las preguntas. Es comprensible que un alumno *no iniciado* se pregunte a qué vienen estas clasificaciones y cámaras, o a dónde quiere llegar el profesor. A medida que se multiplican las letras (cada una con varios significados), las cámaras y columnas, quien no tenga verdadero interés por llegar hasta el final, puede sospechar que Llull ha perdido el contacto con la realidad (está loco) o —con un juicio más benévolo— que se ha sacado letras y figuras *de la manga* (tiene una imaginación prodigiosa pero inútil).

El alfabeto, a pesar de que probablemente lo que suscita son preguntas de perplejidad del tipo: ¿qué tienen que ver estos elementos entre sí para caer bajo la misma letra? (la respuesta es que no tienen absolutamente nada que ver), tiene una finalidad pedagógica: comprender rápidamente lo que significan las letras de las cámaras, o viceversa: esquematizar las preguntas científicas en un pequeño grupo de letras.

Tras un largo camino, las preguntas *encajan* en la Tabla. Repito la advertencia: se trata de *disecar* las realidades en su verdad más esquemática, para poder resolver las preguntas de forma lógica con mayor facilidad; no de *sacar verdades* a partir de unas letras mágicas: esta impresión puede dar Llull, ya que primero enuncia la combinación de letras y luego resuelve una pregunta que cuadra en ese esquema. La pregunta no queda mágicamente resuelta en función de la cámara en la que encaja. Otra cuestión es que juntar las preguntas del mismo «tipo» ayude a resolverlas más fácilmente...

La máquina (la Tabla) de Llull es un *ordenador*: no un mero «almacén de preguntas», sino un lugar que facilita operar con ellas. Llull quiere ayudar a poner orden en el trabajo, pero el trabajo intelectual mismo es cuestión de lógica, y no de mera combinatoria: la Tabla no es una *computadora*. Incluso aunque en la resolución de los ejemplos de la Tabla Llull se equivocara (en la argumentación o por estar el mismo planteamiento de la pregunta *desfasado*: pensemos en las teorías de los cuatro elementos, etc.), no cabe duda de que ha hecho un esfuerzo notable al buscar y tratar de resolver ejemplos —miles de ejemplos— de todas estas posibles combinaciones.

Veamos cómo Llull comienza a usar la primera columna para resolver la pregunta: «¿es Dios bueno, grande y eterno tanto por su operación intrínseca como por su esencia?» Quien se sabe el alfabeto ha reconocido ya tres términos significados por preguntas de la primera figura: BCD. Considerando lo que significan bondad, magnitud y eternidad en Dios (bondad: la razón por la que Dios obra el bien en

—o para— sí mismo; magnitud: la razón por la cual ese bien es grande y no pequeño; eternidad: razón por la que el obrar bueno y grande de Dios dure eternamente), conviene necesariamente la respuesta afirmativa.

BCTB es la siguiente cámara de la lista. Llull dice que la regla (T) se ha de usar según la segunda especie de la pregunta C (2.II. ¿qué es lo coesencial-*proprium*?). Ante la pregunta de qué es lo que Dios tiene esencialmente en sí (recordemos que BC significan aquí bondad y grandeza, pero la segunda B es diferencia), responde que la inteligencia y la voluntad. Relacionando esto con los significados de BC y B citados, «descubrimos» que Dios actúa en sí entendimiento y voluntad buenos y grandes, «con claridad sin confusión». Pero como entre el obrar de Dios y su esencia no puede haber diferencia (Dios no tiene accidentes ni hay en él pluralidad de esencias), lo mismo que se predica de sus actividades internas se ha de predicar de su esencia (lo que equivale a responder afirmativamente a la pregunta): lo único que cabe anotar es que aquí se responde a lo relativo a bondad y grandeza, pero no a la eternidad (lógicamente, pues sólo BC eran ahora considerados con el significado de la primera figura). Por supuesto, como lo que se predica de una dignidad corresponde a todas, la apostilla no supone *pega* alguna.

Tomaré un ejemplo más entre los razonamientos de Llull, en este caso donde la T preceda a las otras tres letras. En este caso, a la inversa de lo que sucede con la primera cámara de cada columna (en la que hay una T implícita detrás de la tríada), las tres letras restantes deben usarse con los significados de la segunda figura (antigua figura T). En *Ars Compendiosa* presenta Llull dos de estos ejemplos: TCDE y TBCF. La primera de las combinaciones la usa para responder a la pregunta sobre qué son los ángeles. Me fijaré en la segunda (TBCF), enmarcada dentro de la serie de combinaciones usadas para responder a la pregunta sobre «si la bondad es tan llena de grandeza como la sabiduría».

Llull usa los significados de los principios enumerados por estas letras en la segunda figura: B es la diferencia, C la concordancia y F significa medio. Para hilvanarlos con el *quid* (regla segunda de T) de la grandeza en la bondad (el bonificar) y en la sabiduría (el entender), encuentra la siguiente fórmula: «la grandeza magnifica tanto a la diferencia con medio como a la concordancia, e igualmente magnifica tanto a la bondad con medio como a la sabiduría, y ello para que bonificando, diferenciando y concordando, sea tan plena de grandeza como por el entender. De donde se sigue que la bondad es tan llena de grandeza como la sabiduría, pues de lo contrario el diferenciar, el concordar y el mediar no serían tan buenos y grandes para bonificar como para entender».

Me parece que estos ejemplos dejan claro —con ser sólo un botón de muestra en medio de una multitud de argumentaciones— lo que busca Llull con su Arte combinatoria: obligar a la mente a seguir un camino ordenado y riguroso, con argumentos que en ocasiones parecen cargados de repeticiones. Llull no es un filósofo infalible: en su origen ni siquiera era un filósofo profesional. Pero está convencido de que a base de ensayar la resolución de las preguntas comparando con otros conceptos, y planteándose nuevas preguntas sobre los mismos objetos, se llega a ver con claridad.

Al final de su segunda estancia en París, o una vez llegado a Mallorca, Llull escribió el *Cant de Ramon* (*Són creat...* 1300), donde se retrata como «hombre viejo, pobre, despreciado, no tengo ayuda de hombre alguno, emprendí muchas grandes obras. Busqué las grandes cosas del mundo, he dado muy buen ejemplo: poco soy querido y amado. Quiero morir en piélago de amor». De camino, se detuvo en Barcelona, donde Jaime II de Aragón le dio permiso —30 de octubre de 1299— para predicar los viernes y sábados a musulmanes y judíos en mezquitas y sinagogas. De la comunidad de Miramar no quedaba ni rastro, de modo que en marzo de 1301 Jaime II donará el edificio a los monjes de La Real.

Parece que nada hará volver su atención hacia los príncipes cristianos, cuando un acontecimiento le pone en marcha: la noticia (falsa) de que los tártaros habían conquistado Tierra Santa. No era la primera vez que se hablaba de alianzas entre mongoles y cristianos para recuperar Tierra Santa. Lo cierto era que il-can Gazan había atacado Siria desde Persia en octubre de 1299, aliándose con el rey (y fraile franciscano) Hetum de Armenia y haciendo huir a los ejércitos egipcios hasta Gaza. Desde Chipre, las órdenes militares enviaron refuerzos a la costa Siria... pero los mongoles ya se habían retirado. Gazan no llegaría a recibir la carta de felicitación que Jaime II de Aragón le envió en mayo de 1300, y tampoco encontró Llull rastro de los mongoles cuando llegó a Chipre a finales de verano de 1301.

No obstante, se dirigió al continente, y en enero de 1302 se encontraba en el puerto armenio de Alleas. Allí, según relata la *Vita*, el septuagenario viajero fue envenenado por dos de sus acompañantes, y regresó a Chipre, donde se recuperó en casa de Jacques de Molay (*Vita coetanea*, 33-35), maestre de los Templarios desde 1294 hasta la abolición de la orden. Llull llegó a saber que uno de los tres «emperadores tártaros» (en concreto el de los iljanes) se había convertido al Islam, y dio al hecho más importancia que muchos *observadores* de su época: «los sarracenos intentan pervertir a los emperadores principales... Estos tres emperadores poseen muchas más tierras que todos los cristianos y que todos los sarracenos. Si los tres se hicieran sarracenos, ¿qué sería de nosotros, insignificantes cristianos? Y eso, que aún no hace ochenta años que los tártaros bajaron de sus montañas» (*Liber de convenientia fidei et intellectus in objecto*, 1309).

Jordi Gayà da por seguro que, una vez recuperado, Llull visitó Jerusalén, pues en el *Liber de fine* (1305), tras hablar de los adornos del altar de San Pedro en Roma, afirma: «existe, sin embargo, otro altar que es el ejemplar y el señor de todos los demás. Cuando yo lo vi, solamente dos lámparas lo iluminaban, y una de ellas rota. La ciudad se halla tan despoblada que apenas pueden contarse cincuenta moradores. Por doquier acechan serpientes en sus covachuelas. Y eso, con ser aquella ciudad más sublime que todas las demás ciudades, hablando a lo divino». En este libro, a semejanza de lo que dijo en *Libre d´amic e amat*, Llull afirma sin tapujos que su mensaje se dirige a los sabios musulmanes porque «entre ellos son pocos los que creen en Mahoma, ya que saben bien que fue un pecador y que introdujo muchos embustes en su ley».

Precisamente este libro llegaría a manos del papa Clemente V, a quien se lo regaló —en presencia de Llull— Jaime II de Aragón, en los actos de la coronación del Papa (Lyon, octubre de 1305), a los que asistió también Jaime II de Mallorca. Hasta entonces, Llull alternó su residencia entre Montpellier y Génova, escribiendo sin descanso. Entre junio y septiembre de 1306 se encontraba en Barcelona —donde recibe dinero del rey de Aragón y escribe dos obras sobre la predicación a los judíos—, en octubre en Montpellier y en primavera en Mallorca, con un posible tercer viaje, entremedias, a París (*Vita coetanea*, 35).

Había pasado más de un lustro desde que Llull creyera ver un *banderín de enganche* en la campaña tártara en Palestina. Pero nadie respondía a la llamada. Y es que los cristianos tenían cosas *más importantes* entre manos. Bonifacio VIII estaba decidido a imponer su autoridad moral sobre la de los príncipes: en particular sobre Felipe IV, a quien había recordado, al canonizar a San Luis, el ejemplo de sumisión a la Santa Sede que le dieron algunos de sus antepasados. En 1300, organizó por primera vez un año jubilar, concediendo el privilegio de la indulgencia plenaria a quienes peregrinaran a Roma. El conflicto con Felipe IV estalló cuando éste procesó a un obispo al que el Papa nombró sin consultarle. La bula de protesta papal (*Ausculta fili*, 6 de diciembre de 1301) fue falsificada, al igual que la respuesta en la que el rey parecía mostrarse sumiso, al tiempo que intocable en cuestiones temporales.

La respuesta papal fue contundente: en 1302 un sínodo romano aprobaba la bula *Unam Sanctam*, en la que se afirmaba que ningún poder temporal puede poner límites a la autoridad del papa, en cuanto representante de Jesucristo en la tierra. Para algunos es éste documento prueba del deseo de la Iglesia católica de instaurar una teocracia. El espejismo iba a durar poco. Felipe IV acusó al papa de usurpador (su predecesor, san Celestino V, había dimitido) y exigió la convocatoria de un concilio que juzgara a Bonifacio VIII y eligiera un nuevo Papa.

El nuevo rey de Sicilia, Federico III (1296-1337), se puso de parte del Papa, y éste quiso excomulgar a Felipe IV. Pero antes de que pudiera hacerlo, el rey francés mandó detener *manu militari* al Papa en Anagni, y sólo una sublevación popular logró liberarlo. El conflicto quedó en aparentes tablas al morir Bonifacio VIII en octubre de 1303. El nuevo Papa, Benedicto XI, absolvió a Felipe el Hermoso de responsabilidad en el incidente de Anagni y, dada la inseguridad reinante en Roma, se trasladó a Perusa, donde murió en julio de 1304.

Se tardó once meses en elegir un nuevo Papa, Bertrand de Got, arzobispo de Burdeos (ciudad bajo dominio inglés). Clemente V era partidario de la cruzada (lo que aprovechó Llull para dedicarle el *Liber de fine*), pero *antes* quería poner paz entre Inglaterra y Francia. Además, Felipe IV presionaba para que procesara a Bonifacio VIII (*post mortem*), así que el Papa accedió al menos a anular la bula *Unam Sanctam*. Por enfermedad, Clemente V no pudo viajar a Italia y en febrero de 1306 se trasladó de Lyon a Aviñón, dominio de los Anjou (vasallos del Papa).

Casi quince años despúes de organizar su primera expedición africana, Llull se decidió a embarcar de nuevo. Esta vez no se dirige a Túnez, donde pesaba sobre él una amenaza de muerte, sino a un punto intermedio entre ese sultanato y el también berebere de los abdaluádidas: Bugía (Béjaïa). El reino abdaluádida (con capital en Tlemcen) entraría en decadencia tras la muerte de Abu Hammu II (1389), para desaparecer en 1554 —no tanto por obra de sus tradicionales enemigos hafsidas y merinidas, sino de corsarios y otomanos— tras haber cedido a los españoles los puertos de Bugía (1509), Mers el-Kébir y Orán.

El propio sultanato hafsida, como vimos, constituía ya desde 1279 —antes del primer viaje de Llull— una autoridad nominal que no iba más allá de Túnez capital. Además, el sultán que condenó al destierro a Llull, Abu-Hafs Omar I, había muerto en 1295. Bugía era una ciudad comercial y literaria de importancia, que en 1284 se independizó de Túnez. Su segundo rey, Abu al-Baqa Halid (que en 1301 sucedió a su padre Abu-Zakariya-Yahya), heredaría en 1309 el sultanato tunecino. En el mundo musulmán, Bugía era apodada «ciudad santa» y «pequeña Meca». Jaime II de Aragón mantenía relaciones diplomáticas con ella desde 1293, y en 1306 su embajador Pere Foses negociaba el reconocimiento, para los mallorquines, de los mismos derechos adquiridos en Bugía por los catalanes. La elección por Llull de este puerto para desembarcar, en 1307, en una nave llegada desde Mallorca parecía del todo acertada...

El contraste entre el trato que depararon a Llull las clases populares y los personajes ilustrados fue en

Bugía aún más acusado que en Túnez. Y es que Llull cambió de táctica y, en lugar de ofrecerse a los argumentos del contrario, comenzó con un *órdago*, quizá para llegar de forma más rápida hasta los intelectuales, pero con un riesgo intermedio: al llegar «a la plaza, comenzó a gritar en alta voz» que la ley de los cristianos era «santa y verdadera y aceptada por Dios», mientras que la de los musulmanes era «falsa y errónea», y que estaba dispuesto a probarlo. La multitud se dispuso a lapidarlo, acto que fue denunciado al «antistes vel episcopus», aparentemente el muftí (autoridad religiosa), que lo rescató de la ira popular y le preguntó: «¿cómo estás tan loco como para pretender impugnar la ley verdadera de Mahoma, estando tal pretensión castigada con pena de muerte?» Llull respondió que un «verdadero siervo de Cristo que ha conocido la fe católica no teme el peligro de la muerte para manifestar aquella fe a los infieles, que están en el error, para llevarles a la vía de salvación» (*Vita coetanea*, 36).

El dignatario musulmán se mostró dispuesto a escuchar al anciano: «Si crees que la fe de Cristo es verdadera y en cambio consideras falsa la ley de Mahoma, aporta alguna razón necesaria que lo pruebe, y es que el tal obispo era ducho en filosofía. Ramon contestó: pongámonos de acuerdo los dos en algo común y después te daré la razón necesaria». El «obispo» señaló lugar y tiempo para la discusión, en la que Llull preguntó si estaba de acuerdo en que en Dios había bondad. Tras la respuesta afirmativa, el mallorquín argumentó que «Dios no tiene necesidad de obrar bien alguno fuera de sí mismo, pues si así fuera no habría en él soberana bondad ni perfección.

200

Y puesto que tú niegas en Dios eternal producción, que es la persona del Hijo, se sigue que antes de la creación del mundo nuestro Señor no tenía tanta perfección como tiene después de haber creado (porque perfección es producir bien de sí mismo), con lo que caes en el gran error de que nuestro Señor aumentara su perfección de un tiempo a otro. En cambio, yo creo que la bondad de nuestro Señor es eternamente difusiva del bien, y así conviene al bien soberano que Dios Padre eternamente de su misma bondad engendre al hijo, y que de ambos se produzca el Espíritu Santo» (*Vita coetanea*, 37).

El Arte no surte efecto en su interlocutor, que manda encarcelar a Llull. La multitud «que esperaba fuera a que el maestre fuera lapidado», a pesar de la prohibición del «obispo», le propinó por el camino palos, pedradas, puñetazos; le arrancaron la barba, dejándolo medio muerto en el cadalso. Al día siguiente, los «clérigos» pidieron al «obispo» que Llull fuera lapidado, pero el consejo decidió por mayoría que fuera llevado a su presencia y que si demostraba «que era hombre de ciencia», lo condenarían a muerte, mientras que lo dejarían marchar si se demostraba que había obrado sin estar en su sano juicio. Un musulmán «que había viajado de Génova a Túnez con Ramon y que había oído frecuentemente sus palabras y razones», advirtió que «os hará tales argumentos contra nuestra ley que será imposible responderle», por lo que se acordó trasladarlo a otra cárcel. «Catalanes y genoveses» pidieron que lo llevaran a «un lugar más soportable», y así se hizo (*Vita coetanea*, 38-39).

Seis meses estuvo Llull en su nuevo encarcelamiento, donde lo visitaban «con frecuencia clérigos

201

y enviados del obispo», para tratar de convertirlo al Islam, «ofreciéndole mujeres, honores y tesoros infinitos», a lo que él respondía que si creían «en el santo nombre de Jesús, yo os prometo la vida eterna y que tampoco os faltarán tesoros». Ambas partes acordaron escribir un libro razonando su fe «y que aquella ley que con mejores razones fuera probada sería considerada la mejor. Y cuando Ramon ya trabajaba de firme en su libro» el «rey de Bugía», que estaba entonces en Constantina, ordenó que Llull fuera expulsado.

Tomando la precaución de prohibir que fuera desembarcado «en tierra de moros», hicieron subir a Llull a una nave que iba en dirección a Pisa. A diez millas del puerto de esta república, la nave naufragó en una tormenta «y muchos murieron», pero Llull consiguió llegar a tierra con un compañero, «medio desnudos» y habiendo perdido los libros. En Pisa fue recibido «con grandes honras» por la población. Acogido a esa hospitalidad, escribió allí el *Ars generalis ultima* —donde afirma que el aprendizaje del Arte «tiene tres amigos, que son la sutileza del entendimiento, la razón y una recta intención»— y el libro comenzado en árabe en Bugía (*Vita coetanea*, 40-41), terminado en latín en abril de 1308: *Liber disputationis Raymundi christiani et Homerici saraceni.*

La labor de Llull había quedado una vez más a medias, a causa de la intervención impaciente de la autoridad civil. Pero había logrado embarcar a los intelectuales en la discusión. Mientras tanto, el mundo que se llamaba cristiano había cambiado mucho en los meses que Llull pasó encerrado en Bugía.

En su afán por dominar al Papa, Felipe IV había encontrado un nuevo argumento: atacar a la orden del Temple. No se trataba de las habituales críticas de orgullo, secretismo o riqueza, contra los templarios: les acusaría de herejía, idolatría y sodomía. Tales bulos habían sido aireados en 1305 por Esquieu de Floyran, natural de Beziers, pero en ese mismo año Jaime II de Aragón los desechó por infundados. Esquieu acudió a la corte francesa, donde encontró los oídos prestos de dos consejeros reales, Guillermo de Nogaret y Guillermo de Plaisians. Jacques de Molay, que había ofrecido hospitalidad a Llull en Chipre, acudió en junio de 1307 a París para hacer frente a un hábil proceso, montado por la acusación a partir de testimonios de antiguos caballeros expulsados de la orden por transgredir las normas.

No hubo tiempo para prepararse: el 13 de octubre, todos los templarios residentes en Francia fueron arrestados. Los monjes guerreros, que no temían a la muerte que suponía caer en manos de los sarracenos, se enfrentaron al caer en las de sus correligionarios franceses a un arma que muy pocos pudieron resistir: un sistema de torturas que, al decir de Alain Demurger, sólo puede compararse con los procesos estalinistas del siglo XX. Uno tras otro, los templarios fueron acusándose de los crímenes más horrendos, con tal de librarse de la tortura y ser ejecutados. Clemente V se entrevistó con Felipe IV para tratar de poner fin al abuso... y aceptó la convocatoria de un concilio que procesara al difunto papa Bonifacio VIII.

La orden templaria había perdido sentido al caer el último reducto latino en Tierra Santa en 1291, y se dedicaba a tareas que no tenían que ver con la religión ni con la milicia, como la banca. Los hospitalarios, en cambio, habían *reconvertido* su original acogida de los peregrinos y su posterior misión de proteger los caminos en vigilancia marítima frente a los corsarios musulmanes. Llull comprendía la necesidad de una reorganización de las órdenes militares. Pero estaba convencido de que su objetivo debía seguir siendo garantizar la libertad de acceso de los cristianos a los lugares santos. Por eso, en Pisa, además de escribir —en marzo de 1308 terminó allí la edición *definitiva* del Arte: *Ars generalis ultima*—, trató de convencer al concejo de la república de que «allí mismo se constituyera en orden a unos religiosos soldados cristianos» para que «hicieran continua guerra a los pérfidos sarracenos para recuperar la Tierra Santa». El concejo escribió cartas en este sentido al Papa y a los cardenales.

Con el mismo fin se dirigió Llull a Génova, donde fue recibido por «muchas devotas matronas y viudas» y los «nobles de la ciudad le prometieron 25.000 florines en auxilio de la Tierra Santa» (algunos manuscritos latinos elevan la cantidad hasta 35.000). En mayo de 1308 estaba ya en Montpellier y en verano se entrevistó en Poitiers con Clemente V y con Felipe IV. Podemos imaginar la poca atención que podría prestarle el Papa en medio de sus tribulaciones, y lo que pensaría —ante la propuesta de organizar una cruzada hecha por un anciano de 75 años— un rey cuyo principal empeño era aniquilar a los templarios...

Llull viajó de nuevo a Génova en septiembre de 1308, y posiblemente, antes de llegar a Montpellier en octubre, visitó en Marsella a su compatriota Arnau de Vilanova (hacia 1238-1311): médico cercano a los llamados franciscanos *espirituales* y amigo personal de Clemente V, había polemizado abiertamente con los dominicos (1302). Interpretando ideas de Joaquín de Fiore, consideraba inminente el fin del mundo, y sus ideas milenaristas le acarrearían las iras de Jaime II de Aragón, hermano de Federico III. Tras su muerte, en 1316, una junta de teólogos reunida en Tarragona ordenaría la destrucción de sus obras teológicas.

Llull escribió en Montpellier varias obras aplicando el Arte a cuestiones planteadas por Tomás de Aquino, Ricardo de Mediavilla y Egidio Romano. En marzo de 1309 presentó a Clemente V, que acababa de establecer definitivamente su residencia en Aviñón, un proyecto de cruzada (*Liber de acquisitione Terrae sanctae*). El filósofo mallorquín no mencionaba a los templarios. A diferencia del opúsculo que dirigiera en 1291 a Nicolás IV, relegaba Granada para proponer la conquista de Constantinopla, impidiendo así «el aprovisionamiento de esclavos que integran el ejército del sultán egipcio», y sólo después, por tierra a través de Armenia y Siria, cercar Egipto. Para lograrlo, asegura que es preciso el concurso de Carlos de Valois (hermano de Felipe IV que tenía buenos contactos en oriente), pero también «del reverendo maestre del Hospital».

ASCENSO

Tras constatar «que no podría lograr nada» en pro de sus propósitos en la curia papal de Aviñón, Ramon Llull marchó en noviembre de 1309 a París. Esta tercera estancia duró, como la segunda, algo menos de dos años, pero fue mucho más fructífera y, por primera vez, exitosa: escribió 27 obras y alcanzó reconocimiento en el mundo universitario. En febrero de 1310, cuarenta maestros y bachilleres de medicina y teología que asistieron a sus lecciones sobre el Arte suscribieron una carta de aprobación; el 2 de agosto del mismo año se entrevistó con Felipe IV, que expidió cartas de recomendación para él; y el 9 de septiembre de 1311, Francesco Croccioli, canciller de la Sorbona, certificó la ortodoxia de las obras de Llull. «Venían a oírlo no tan sólo estudiantes, sino gran multitud de maestres, quienes afirmaron que la dicha santa ciencia y doctrina era corroborada no tan solamente por razones de filosofía, sino también por principios y reglas de santa teología», dice la *Vita*.

El sistema luliano pretende razonar la fe, porque va dirigido a cualquier tipo de personas, también (y principalmente) a las que no tienen fe. El fundamento de la fe no sólo es razonable, sino que son las propias razones necesarias, porque esas razones son infinitamente perfectas: son la esencia de Dios. La razón es el único instrumento imprescindible para la salvación, el que Dios ha dado a todo hombre para que sea capaz de conocerle sin necesidad de *otra* revelación. Pero Llull no ignora que existe otra revelación, es más: la ha visto. La teología que razona sobre la fe parte de un hecho evidente para quienes lo vieron (incluido él): la resurrección de Cristo. Pero para quienes no lo han vivido, sólo puede presentarse como un hecho razonable. Y, si se niega la razonabilidad de los misterios de la fe —así hacen los averroístas—, la fe está perdida.

Como cualquier teólogo cristiano, Llull sabe utilizar la Biblia como argumento de autoridad, cuando se dirige a un público cristiano. Y precisamente lo hace para defender la razonabilidad de la fe. Así, recuerda que Jesucristo invitó a comprobar experimentalmente la realidad de su resurrección, metiendo su mano en el costado del resucitado y sus dedos en la huella de los clavos —en el caso del apóstol incrédulo, Tomás— o a comer con él un pescado para comprobar que no se trataba de una alucinación: y no por ello carece de mérito la fe de los discípulos que tuvieron una confirmación experimental de ella.

Una fe no razonable no podría ser predicada, y por eso San Pedro pide a los cristianos que estén «preparados para dar razón de vuestra fe» (1 *Pedro* 3, 15). Llull comenta en este sentido la afirmación veterotestamentaria «si no creéis, no entendereis» (*Isaías* 7, 9): «si creemos, aquello que creemos por la fe podemos entenderlo» (*Liber de demonstratione per aequiparantiam*, 1305). Igualmente recoge el testimonio de Tomás de Aquino, cuya *Suma contra los gentiles* fue escrita porque los no cristianos «exigen razones» (*Liber de convenientia fidei et intellectus in objecto*, 1309), y en el mismo sentido cita a San Agustín, Boecio y Ricardo de San Víctor.

El éxito intelectual de Llull coincide con la ruina de la única orden religioso-militar que aún tenía la mirada puesta en Tierra Santa. Algunos templarios franceses habían negado las confesiones obtenidas mediante tortura. Felipe IV hizo condenar a 54 de ellos como herejes reincidentes, pues volvían a la herejía que habían confesado previamente. Fueron quemados en la hoguera el 12 de mayo de 1310. Menos de tres meses después, el rey se entrevistaba con Llull. Éste lanzó en vísperas del concilio de Vienne una advertencia dirigida a quienes pretendieran instrumentalizar políticamente una institución de tal importancia: «Espero que este Concilio se celebre por Dios y para Dios, para que la santa fe católica sea enaltecida y destruidos los errores que se levantan contra ella. De lo contrario, el Concilio se convertiría en un escarnio y en un sinsentido, lo que reportaría un grave daño y sería reprobable ante Dios, y a sus fautores les aguardarían las penas del infierno» (*Liber de ente*, 1310).

Llull no tenía por misión juzgar a los monarcas. Pero tampoco trataba de arrimarse al sol que más calentara, y recordó al monarca francés que debía procurar que «su reino no sólo se llame, sino que sea realmente cristianísimo». El mallorquín era filósofo de profesión —reconocido por la Sorbona— y por tanto en ese campo le pedía que aplicara el rigor que manifestaba en otros. En concreto, le pedía que eliminara de la universidad parisiense «las opiniones y las obras de Averroes, de modo que en adelante nadie se atreva a citarlas, leerlas o escuchar comentarios sobre ellas: para un cristiano es inicuo y vergonzoso afirmar que la fe es más improbable o sólo aparente, que no explicable por pruebas, y eso dicen los seguidores del herético Averroes» (*Liber natalis pueri*, terminado en París en enero de 1311).

El fundamentalismo que impedía la predicación era el principal enemigo material de la misión de Llull. Frente a él, necesitaba a las órdenes militares y la cruzada para garantizar la posibilidad de una discusión racional. Pero si el fundamentalismo amenazaba el cuerpo del sistema luliano, el averroísmo corroía el espíritu del Arte —hablar de religión por razones necesarias— porque consideraba «la fe cristiana imposible en cuanto a la manera de entender, pero opinando que era verdadera en cuanto a la manera de creer». La *Vita* testimonia también esta actividad parisiense de Llull: para «refutar este concepto por vía demostrativa y de hábito científico, los redujo de muchos modos a contradicción; pues si la fe católica es improbable según la manera de entender, es imposible que sea verdadera» (*Vita coetanea*, 42-43).

En el *Liber natalis* añade Llull una tercera petición al concilio de Vienne —además de la unificación de las órdenes militares para hacer «continuas guerras en ultramar contra los sarracenos hasta que se recuperara Tierra Santa» y la lucha intelectual contra el averroísmo (pide que se escriban libros, no que se persiga a las personas)—: «que se construyeran lugares donde ciertas personas devotas y de alta inteligencia estudiasen en diversos lenguajes, para que pudiesen predicar el Evangelio a todas las naciones». El hecho de abrir a los laicos un proyecto pensado inicialmente para monjes supone un avance teórico, pero no práctico: él mismo había ido a misionar, siendo laico. Cierta novedad es también reconocer que para trabajar con su Arte hace falta una elevada capacidad intelectual: en la práctica se había dirigido a quienes mejor podían entenderlo.

A propósito de la dificultad de Arte, en *Ars generalis ultima* (1307) Llull afirmó que una persona «de óptima inteligencia, con conocimientos de lógica y de filosofía, y con aplicación, la podrá aprender en dos meses: uno para la parte teórica y otro para la práctica. El de inteligencia mediana, también con conocimientos de lógica y de filosofía, y con capacidad de trabajo, la podría aprender en cuatro meses: dos para la teórica y dos para la práctica. Uno de inteligencia sutil y normal en medio año: tres meses para la teórica y tres para la práctica. Si ni siquiera puede aprenderla en este espacio de tiempo, es señal o de que tiene una inteligencia basta, o de que tiene poca aplicación o de que se halla ocupado en otras cosas. Este tal nunca la podrá aprender».

La *Vita coetanea* (44-45) concluye que en los cuarenta años que Llull llevaba dedicados «con todo su corazón y toda su alma, y con todas sus fuerzas y todo su pensamiento» a su misión escribió «más de 123 volúmenes de libros en honor de la santa Trinidad», precisando que los hizo reunir en tres lugares: la cartuja de París, en casa del noble genovés Parceval Spinola y en Mallorca. Esta autobiografía estaba terminada antes de octubre de 1311 (para entonces había escrito en realidad casi 190 obras), fecha en que dio comienzo el Concilio de Vienne, y Gayà sugiere que Llull podría habérsela mostrado a alguno de los asistentes, a modo de *currículum vitae*.

En sus peticiones al Concilio, Llull concreta tres ciudades donde podrían fundarse «colegios de lenguas»: Roma, París y Toledo, y propone que se comience la predicación en mezquitas y sinagogas. Respecto a la cruzada, pide que se establezca un diezmo para financiarla. Además pide que se castigue la usura, se regulen las prebendas eclesiásticas, los hábitos de religiosos y sacerdotes, y que se reformen los estudios de medicina y derecho.

La acogida que encontraron sus peticiones —aunque no fuera el único en formularlas— en el Concilio de Vienne, inaugurado el 16 de octubre, fue una de las mayores alegrías en la vida de Llull. El decreto *Inter sollicitudines* ordenó fundar colegios de lenguas en la curia papal, y en las universidades de París, Oxford, Bolonia y Salamanca. Debía enseñarse hebreo, árabe y caldeo y traducirse obras de estas lenguas al latín. El primer colegio lo financiaría el Papa, el segundo el rey de Francia, y los demás las iglesias locales. Sobre la disciplina en los hábitos de clérigos y religiosos trataron otros dos decretos. La bula *Redemptor noster* (1 de diciembre de 1312) establecería la recolección de un diezmo para la cruzada.

Aunque obispos como Jacques Duèze —futuro Juan XXII— eran partidarios de suprimir la orden templaria sin escuchar a la defensa, la mayoría de los padres conciliares quiso examinar las actas de la investigación. Siete templarios se presentaron, diciendo representar a entre 1.500 y 2.000 hermanos de la orden que querían declarar a favor de su preservación. Sólo un prelado italiano, más los obispos de Reims, Sens y Rouen, se opusieron a que se les escuchara. Por su parte, Felipe el Hermoso convocó a los Estados Generales en Lyon en marzo de 1312. El día 20, anunció su llegada, al frente del ejército, a Vienne. Para evitar un episodio de violencia, Clemente V suprimió el día 22, por la bula *Vox in excelso*, la orden del Temple «no sin amargura y lágrimas en el corazón, no como juicio, sino como provisión o decisión apostólica».

Los bienes de esta orden fueron heredados por la de San Juan del Hospital, salvo en los reinos hispanos: en Aragón y Cataluña se hizo así, a cambio de pasar en Valencia, junto con las propiedades de los hospitalarios, a la orden de Montesa; en Portugal pasaron los bienes templarios a la orden de Cristo, y en Castilla se repartieron de forma más compleja. Los hermanos templarios declarados inocentes o reconciliados con la Iglesia pudieron entrar en otra orden y recibir una pensión. A Jacques de Molay y sus compañeros presos en París una comisión de cardenales acompañada del arzobispo de Sens les comunicó su condena —sin juicio— a cadena perpetua basada en las declaraciones hechas bajo tortura. Entonces, Molay y el maestro de Normandía se desdijeron de sus declaraciones. La comisión aplazó su decisión hasta el día siguiente, pero Felipe IV los mandó quemar el mismo día en una isla del Sena. Corría el 18 de marzo de 1314.

En mayo de 1312, al escribir en Montpellier el *Liber de locutione angelorum*, Ramon Llull comenta —cabe suponer que no supo de las torturas sufridas por los templarios— las dos principales decisiones del concilio: «fundar colegios en los que se enseñasen las lenguas de los infieles a hombres devotos, conocedores de la filosofía y de la teología; hombres dispuestos a morir o padecer por Cristo, para la exaltación de la fe sacrosanta, al ir a predicar el evangelio por todo el mundo y mostrar la verdad de la fe, de modo que esta verdad resultara inteligible y cierta, y falso su opuesto. La segunda disposición es que los bienes de los templarios sean entregados a la orden del Hospital de San Juan, para reforzar su capacidad de mantener tropas y galeras permanentemente equipadas contra los sarracenos. La toma de estas dos decisiones alegró sobremanera a Ramon, porque con ellas se hacía posible capturar y vencer fácilmente a los sarracenos. Una vez vencidos, sería fácil convertir todo el mundo, pues ellos son quienes lo impiden todo».

En 1311 la Iglesia aprobó con validez universal varios proyectos coincidentes con los de Llull, pero también murió quien había sido su principal protector, Jaime II de Mallorca. Pasados los ochenta años de edad, Llull quiso preparar la eventualidad de su propia muerte, e hizo testamento en Mallorca el 27 de abril de 1313, dejando veinte sueldos a su hijo y otros tantos a su hija; la mitad de esas sumas a los conventos dominico, franciscano, de clarisas, de monjas de Santa Margarita, de la penitencia y de escolares huérfanos. Cinco sueldos recibiría cada iglesia parroquial de Palma y diez la catedral. 140 libras quedarían como depósito para escribir copias en pergamino de sus obras, debiéndose enviar un volumen en latín a la cartuja de Vauvert, y otro igual a Parceval Spinola (Génova); por último dejaba un cofre con libros al monasterio de La Real.

Como un símbolo de la debilitación de la autoridad papal, Felipe el Hermoso había conseguido, ya antes de la celebración del concilio de Vienne, que fueran quemados los restos mortales de Bonifacio VIII y se anularan todos sus actos. En 1314 murieron Clemente V (20 de abril) y Felipe IV (29 de diciembre). A pesar de haber desaparecido los que parecían principales protagonistas de la querella, la futura división de la cristiandad occidental en el cisma de Aviñón (1378-1417) comenzaba a perfilarse. Francia misma vería amenazada su existencia en la guerra de los cien años (1339-1453). El mundo medieval parecía llamado a desaparecer. Pero la historia no estaba escrita. No al menos para quienes creían en la libertad humana. Y uno de ellos era Llull, que aparentemente no veía más que el lado positivo.

El Concilio de Vienne no fue un punto final para Llull, ni siquiera la señal de un merecido reposo. Al contrario: allí coincidió con emisarios sicilianos por los que pudo conocer lo que, bajo el impulso de Arnau de Vilanova —fallecido en 1311— se había hecho en el reino de Federico III. Así que, falto de señor temporal, decidió presentar sus planes al monarca siciliano, primo del nuevo rey de Mallorca, Sancho, heredero del reino por renuncia de su hermano mayor, Jaime, que se había hecho franciscano. El sucesor de Jaime II de Mallorca, por su parte, había firmado un pacto con Túnez para fomentar el comercio entre la isla y el sultanato hafsida.

Federico III había apoyado a Bonifacio VIII cuando trató de excomulgar a Felipe IV, y por tanto, su situación respecto a los reinos cristianos poderosos no era envidiable. Llull debió sentirse atraído por la apertura del monarca a las reformas propuestas por sus consejeros en materia religiosa. Inspirado por Arnau de Vilanova, Federico III estableció un plan de catequesis y reforma en las llamadas *Ordinationes generales* (1309-1310), incluyendo la posibilidad de predicar en Túnez. Al rey siciliano se refiere Llull al final del *Liber de locutione angelorum*: «que el gran renombre de su devoción le lleve a incrementar la santa fe católica contra todos los infieles. Está tanto y tan profundamente revestido de virtud, evitando todo vicio, que en este empeño la conducta que guarda para sí, la promulgó para todo su reino. Por eso, Ramon, puesta su esperanza en él, acudirá allá a presentarle este libro».

En julio de 1312 escribe en Mallorca *Liber de participatione christianorum et sarracenorum*, donde explica su propósito de «llegarse al muy noble y virtuoso señor Federico, rey de Sicilia, para que él, fuente de devoción, a una con el muy grande y poderoso rey de Túnez, disponga que algunos cristianos de buena formación y bien conocedores del árabe, vayan a Túnez y que, a la vez, sarracenos de buena formación vengan al reino de Sicilia para discutir con sabios cristianos acerca de su fe. Tal vez de esta forma podría establecerse la paz entre cristianos y sarracenos, y aún podría suceder lo mismo en todo el mundo, de modo que no vayan los cristianos a destruir los sarracenos, ni viceversa los sarracenos a los cristianos».

Llull ve claro que no se trata de predicar al pueblo: sabe de sobra que eso no puede más que exacerbar la violencia. Se dirigirá a un grupo de intelectuales capaces de dialogar en un ambiente de comprensión. Aunque el centro de la actuación intelectual en sus nuevos planes será Sicilia —cuyas costas distan 140 kilómetros de las tunecinas—, Llull quiere involucrar en la tarea a todos los cristianos que, por motivos profesionales, tienen contacto con musulmanes. Y así escribe al rey y al obispo de Mallorca que «los cristianos laicos y negociantes que andan por todo el mundo, como Berbería, Bugía y las otras tierras, para comprar mercaderías» deben ser ilustrados para que puedan responder a las pegas que les ponen los musulmanes, e incluso tomar la iniciativa y entrar «en disputa con ellos sobre los temas del libro» (*Liber per quem poterit cognosci quae lex sit magis bona*, 1313).

Gayà apunta que Llull podría haber conocido a Angelo Clareno, que asistió al concilio de Vienne para apoyar a los franciscanos *espirituales*, y pasó 50 días en Mallorca a partir de enero de 1313. En todo caso, tal encuentro no tendría relevancia en la solución del conflicto interno en la orden franciscana, que por otra parte no se resolvió hasta el siglo XX. Tras más de dos años de sede vacante, el 7 de agosto de 1316 fue elegido Papa el más que septuagenario Jacques Duèze (Juan XXII), con el que se enfrentarían los franciscanos espirituales que se autodenominaban *fratricelli*, algunos de los cuales se refugiarán en Baviera: entre éstos se contaba Guillermo de Ockham (1300-1350). Este filósofo inglés responderá al averroísmo con una filosofía nominalista —que niega la posibilidad de conocer nada más allá del *nombre* de las cosas— y una teología voluntarista, que pretende poder prescindir de la razón que no sólo no tiene relación con las cuestiones teológicas (como decían los averroístas), sino que apenas puede conocer nada del ser.

Llull marchó por fin a Sicilia en verano de 1313: en Mesina escribirá 27 escritos entre agosto de ese año y mayo de 1314. Aparentemente, su proyecto no encontró la acogida que esperaba. En *Liber de civitate mundi* (1314), las virtudes le animan a presentar a papas y reyes su proyecto para la conversión de los infieles: «Ramon se excusó. Dijo que repetidas veces había acudido a la curia y había hablado con muchos príncipes, para que la fe fuera proclamada por todo el mundo. También había redactado libros, para mostrar de qué forma podría encaminarse el mundo hacia un orden mejor. Pero no había conseguido nada. Más de una vez se rieron de él, lo apalearon y lo llamaron fantaseador».

Los hombres no hacen caso de Ramon, pero Ramon quiere hacer caso a Dios. Y la obra de Dios, el hombre, sigue fascinándole: «afirmo que la naturaleza humana es una creatura más general que cualquier otra, pues por su naturaleza el hombre participa con toda la creación. En razón del género participa con el ángel, pues el ángel es una sustancia espiritual y lo es también el alma racional. El cuerpo humano, por su parte, participa en género con el firmamento, con los elementos y con las operaciones elementales» (*Liber de perfecto esse*, 1314). Y la naturaleza humana alcanza su perfección en Jesucristo: «en esta humanidad la divina unidad, bondad, etc., participan en naturaleza con todas las creaturas. Por eso el hombre es con toda propiedad un mundo en pequeño» (*Liber de fine et majoritate*, 1314).

Ramon Llull reaparece en Túnez en 1315 (con certeza en julio), pero no bajo el patrocinio de Federico III sino de Jaime II de Aragón, el mismo que en 1291, al suceder a su hermano Alfonso III, atendía las reclamaciones de Llull sobre Miramar. Ahora éste pide al monarca que envíe a Túnez a un antiguo discípulo suyo, fray Simó de Puigcerdà, para traducir obras del catalán al latín. El octogenario mallorquín había emprendido un nuevo viaje a la ciudad donde, más de veinte años atrás, le habían condenado al destierro. Su estancia será más larga que las anteriores: debía encontrarse en África ya el 5 de noviembre de 1314, cuando Jaime II escribe una carta de recomendación al sultán tunecino, y seguir allí en diciembre de 1315.

Se conservan siete obras escritas por Llull en Túnez —la más importante de las cuales es *Ars Consilii*—, aproximadamente la mitad de las que debió redactar en este viaje. Nada se sabe del resultado de esta tercera misión en tierras africanas. La tradición supone que desde la capital del sultanato, Llull se dirigió una vez más a Bugía, donde fue apedreado por la multitud airada. Con apenas un aliento de vida habría sido recogido por comerciantes genoveses, que lo trasladaron a Mallorca. Pudo haber muerto durante la travesía —según la tradición— o más posiblemente ya en la isla, en todo caso, antes de marzo de 1316... con casi 84 años. Su cuerpo fue enterrado en la iglesia del convento franciscano en la ciudad que le vio nacer. Casi tres siglos más tarde, el examen médico de sus restos —realizado el 5 de diciembre de 1611— encontró huellas de la violencia que, supuestamente, le habría provocado la muerte.

En Túnez, los sultanes hafsidas recuperaron en 1317, al comienzo del reinado de Abu Bakr, la fuerza que habían perdido tras la muerte de al-Mustansir. La puerta que con tanto esfuerzo había abierto Ramon Llull parecía cerrarse para siempre.